MW01706916

MÉLANCOLIES IDENTITAIRES

MARK FORTIER

MÉLANCOLIES IDENTITAIRES

Une année à lire Mathieu Bock-Côté

RETIRÉ DE LA COLLECTION UNIVERSELLE
Bibliothèque et Archives nationales du Québec

© Lux Éditeur, 2019
www.luxediteur.com

Dépôt légal : 4e trimestre 2019
Bibliothèque et Archives Canada
Bibliothèque et Archives nationales du Québec

ISBN : 978-2-89596-307-3
ISBN (epub) : 978-2-89596-773-6
ISBN (pdf) : 978-2-89596-962-4

Ouvrage publié avec le concours du Conseil des arts du Canada, du Programme de crédit d'impôt du gouvernement du Québec et de la SODEC. Nous reconnaissons l'aide financière du gouvernement du Canada pour nos activités d'édition.

À Geneviève, Romane et Justin,
mes remèdes contre la mélancolie

Mais quand les hommes se lamentent sur un Tout
qui doit être perdu et dont personne en Allemagne
n'a jamais eu connaissance, et encore moins le souci,
alors il faut que je dissimule mon impatience pour
ne plus paraître discourtois.

Goethe

SOCRATE (venant de lire un chroniqueur à la mode):
La rhétorique n'a aucun besoin de savoir ce que sont les
choses dont elle parle; simplement, elle a découvert un
procédé qui sert à convaincre, et le résultat est que,
devant un public d'ignorants, elle a l'air d'en savoir
plus que n'en savent les connaisseurs.

GORGIAS (qui possède le journal):
Mais la vie n'en est-elle pas beaucoup
plus facile, Socrate?

Platon

Mode d'emploi

Ce livre est né d'une résolution en apparence assez simple, celle de lire ce qu'écrirait le chroniqueur et essayiste Mathieu Bock-Côté (MBC) pendant un an. Tout lire. Rigoureusement. Chaque jour. Même si notre homme donne par moments l'impression d'écrire plus vite qu'on ne pense. Il me fallait un trou de serrure par lequel suivre l'actualité, et ce trou, ce fut MBC. Un choix qui s'est imposé de lui-même, car il n'y a pas au Québec de voix médiatique plus omniprésente que celle de cet intellectuel organique du groupe Québecor, cette immense pieuvre médiatique qui domine les marchés de la télévision, de la presse écrite, de l'édition, du câble et d'internet. On peut ainsi lire MBC dans le journal, le voir à la télévision, l'entendre à la radio, et sur toutes ces tribunes, il prône avec ténacité un conservatisme de combat. Notre homme jouit même d'un privilège longtemps réservé, parmi les Québécois, aux chanteuses à voix : celui de triompher en France. À Paris, on le trouve rafraîchissant. La droite française se régale de ses livres qui critiquent la gauche culturelle et défendent avec ardeur l'« identité » et la « civilisation » occidentales. On voit en lui un Zemmour à visage humain qui oxygène la pensée conservatrice.

L'écrivaine et journaliste Denise Bombardier, émue par ce succès européen, ne tarit pas d'éloges : « Comme il parvient à battre les Français sur leur propre terrain, celui de la parole percutante, fluide, rationnelle et personnelle, on s'incline devant ce garçon au physique de joueur de football américain[1]. » Le meilleur des deux mondes, en somme. Madame Bombardier se sentait-elle obligée à la flatterie parce que quelques mois auparavant, dans le même journal, MBC avait qualifié son autobiographie de « chef-d'œuvre[2] » ? Peut-être. Mais même la conscience libre de Louis Cornellier, chroniqueur établi du quotidien *Le Devoir,* le pousse à déclarer que MBC appartient tout bonnement « à l'élite de la pensée occidentale ». Un statut que ne lui refuserait pas Vincent Trémolet de Villers du *Figaro* qui, sans doute par pudeur, s'est contenté de dire de MBC qu'il « voit tout, lit tout, comprend tout[3] », autant d'attributs divins qui justifient

1. Denise Bombardier, « Nul n'est prophète en son pays », *Le Journal de Montréal,* 12 avril 2019.

2. Mathieu Bock-Côté, « Le chef-d'œuvre de Madame B », *Le Journal de Montréal,* 18 octobre 2018.

3. Louis Cornellier, « Bock-Côté entre en dissidence », *Le Devoir,* 25 juin 2016.

à eux seuls qu'on le lise. Je ne pouvais, de toute évidence, rêver de meilleur révélateur des temps présents.

La méthode que j'ai adoptée pour écrire ce livre s'inspire de celle de Morgan Spurlock dans *Super Size Me* – que l'on pourrait traduire par « Grossissez-moi ». Dans ce film, le documentariste s'est imposé de manger trois fois par jour chez McDonald's pendant un mois afin d'étudier les effets de la malbouffe sur le corps, lesquels se sont révélés stupéfiants : nausées, prise de poids, symptômes précurseurs d'un malaise cardiaque, difficulté à se concentrer. La lecture de MBC n'est pas une cause d'insuffisance rénale, et tout le monde aura compris que cette expérience consiste à observer l'impact d'un tel exercice non pas sur le corps, mais sur l'esprit humain. Comment le monde apparaît-il à celui qui, chaque jour, s'y rapporte avec en tête les propos d'un tel agitateur ? En nourrissant son intellect avec les opinions de MBC, qu'est-ce qui viendra à le préoccuper ? Peut-il jongler avec de telles enclumes sans s'en échapper une sur la tête et se commotionner ?

C'est avec ces questions en tête que j'ai suivi les chemins parcourus par MBC, prenant des notes, tenant un journal de mes observations et de mes étonnements afin de capter une image de ce que nous sommes en train de devenir. La lecture de MBC a donc littéralement été un *pré*texte, le geste qui a précédé la production de ces *Mélancolies identitaires*, un carnet assez libre dans sa forme, qu'il faut lire comme un contrepoint aux pulsions conservatrices de notre sujet. Ce livre n'est pas une analyse de ses discours. Ce n'est pas non plus un pamphlet. Ce serait accorder trop d'importance au personnage. C'est une exploration, aussi sérieuse que légère, des thèmes développés par une droite qui, des Amériques à l'Europe, gagne en force et s'incarne désormais dans des personnalités médiatiques éclatantes, tonitruantes, parfois pittoresques, souvent inquiétantes.

On me reprochera peut-être de contester le conservatisme politique autrement qu'en m'enthousiasmant pour ses adversaires de prédilection, la gauche dite « culturelle et identitaire ». Refuser de prendre position sans avoir la prudence de se retirer des débats est un risque. Quiconque serait tenté de rester au milieu d'une bataille, mettait en garde Thucydide, s'expose à périr sous les coups des deux camps. Mais de la contrainte et du risque, raconte-t-on aussi, naissent la pensée et la beauté. C'est dans cette espérance qu'ont été écrits les textes qui suivent : que de la corvée de lire MBC puissent surgir quelque fulgurance, de la tendresse et, qui sait, quelques bribes de vérités.

Portrait du jeune homme en héritier

Mathieu Bock-Côté a vu le jour en 1980, à Lorraine, une paisible et verdoyante banlieue de la grande région montréalaise. Il est, écrit-il dans un de ses livres, le fruit de l'union entre un « homme de devoir » et « une sainte femme[1] », et comme il a tiré un numéro gagnant à la loterie de la vie, le petit Mathieu a pu grandir à l'abri des turpitudes d'une époque dont il déplore aujourd'hui la décadence dans les pages du *Figaro,* du *Journal de Montréal* et dans les revues auxquelles il collabore, *L'Action nationale, Argument, Valeurs actuelles.* Enfant de ses parents beaucoup plus que de son siècle, il sait dans sa chair tout le « bonheur et la sécurité » que procure une famille unie, et ce sentiment n'est pas étranger à ses dispositions politiques. Il confesse

1. Mathieu Bock-Côté, *Fin de cycle. Aux origines du malaise politique,* Montréal, Boréal, 2012, p. 153.

ainsi avoir très tôt compris que l'homme « ne venait pas de nulle part », une vérité de l'enfance qui constitue le fondement de son conservatisme, « celui de la gratitude envers le donné[2] ». Et c'est sa confiance en la valeur inestimable de ce qui a été reçu en héritage qui nourrit la ferveur de son combat contre la « déshérence existentielle » de l'homme occidental, qu'il juge « abandonné dans un monde où la famille comme la nation se sont décomposées et qui, [ne sachant] plus croire en Dieu, [...] erre, d'une déception à l'autre, vers sa déchéance finale[3] ».

Quiconque étudiera de près le discours de MBC s'étonnera de la sérénité que lui procure ce déclin de toutes choses valables. Depuis une quinzaine d'années, ce sociologue annonce la crise d'une civilisation menacée de l'extérieur par l'immigration, rongée de l'intérieur par le multiculturalisme et gangrénée de toute part par les pathologies de l'émancipation, mais l'habile communicateur sait être grave sans devenir sombre. Le plaisir manifeste que lui procure l'exposition médiatique rend ce jeune Cassandre sympathique, voire charmant. Il est moins répulsif que son ami Éric Zemmour[4], et son admiration intellectuelle pour Finkielkraut ne l'incite pas pour autant à imiter les convulsions du philosophe.

---

2. *Ibid.*, p. 154.

3. Mathieu Bock-Côté, « Houellebecq, observateur de notre temps », *Le Journal de Montréal,* 8 février 2019.

4. Jean-Christophe Laurence, « L'apocalypse, selon Éric Zemmour », *La Presse,* 13 janvier 2019.

Sa soucieuse bonhomie lui vient sans doute de son père, un « misanthrope » au « pessimisme joyeux », à qui il doit aussi la profonde vénération qu'il a pour la France[5]. Chez les Bock-Côté, le soir, en famille, on écoutait « un vieux trente-trois tours qui réunissait les discours du général de Gaulle lors de son passage au Québec[6] » en 1967. On ne s'étonne donc pas que le fils donne aujourd'hui des conférences pour l'Amicale gaulliste du Sénat français, dont le titre est en soi un programme : *Lire de Gaulle pour comprendre le monde d'aujourd'hui*. Du général, il a appris l'importance des grands hommes en politique, « une forme de conservatisme romantique à la française[7] » et, bien entendu, les vertus du nationalisme.

C'est en 2007 que le jeune MBC s'impose comme figure incontournable du nationalisme conservateur. En septembre de cette année-là, il publie son premier livre, *La dénationalisation tranquille*, lequel reste à ce jour son ouvrage le mieux construit, d'un point de vue intellectuel. Au début des années 2000, il a écrit les discours de Bernard Landry, lorsque celui-ci était premier ministre du Québec et, depuis, il est régulièrement intervenu dans les pages d'opinion des journaux ainsi qu'à la télévision

---

5. Mathieu Bock-Côté, « Vive la France ! », *Le Journal de Montréal*, 14 juillet 2008.

6. Bock-Côté, *Fin de cycle, op. cit.*, p. 157

7. Anne-Laëtitia Béraud, « Qui est le Québécois Mathieu Bock-Côté, nouvelle voix de la droite conservatrice française ? », *20 minutes*, 28 octobre 2017.

et à la radio, mais c'est la publication de cet essai qui le propulse à l'avant-scène des débats politiques au Québec, car c'est la première fois que quelqu'un tente d'expliquer de manière franche et tranchée l'étiolement des forces souverainistes depuis leur défaite référendaire de 1995. Le livre arrive à point nommé: en mars 2007, le Parti québécois (PQ) a obtenu son pire score électoral en quarante ans d'existence, et plusieurs y voient un tournant dans l'histoire politique du pays. Le peuple québécois vient de signifier qu'il se lasse du combat pour l'indépendance. Il y a un « avant » et un « après 2007 », note alors l'essayiste Pierre Vadeboncoeur, compagnon de route des forces indépendantistes depuis cinquante ans, pour qui cette élection laisse entrevoir un retour « des nullités d'antan[8] »: les politicailleurs provinciaux et les affairistes dont il a jadis qualifié le patriotisme de « doucement ridicule[9] ».

MBC, beaucoup moins pessimiste, se réjouit de ce qu'il perçoit comme l'épuisement des idées progressistes dans le mouvement souverainiste. L'adhésion de la gauche, au cours des années 1980 et 1990, à l'antiracisme, au multiculturalisme et à la défense des victimes en tout genre a, selon lui, bien failli vider le projet

8. Pierre Vadeboncoeur, *Les grands imbéciles,* Montréal, Lux, coll. « Lettres libres », 2008.

9. Pierre Vadeboncoeur, *La ligne du risque,* Montréal, BQ, 2010, p. 59.

d'indépendance du Québec de sa substance – la nation – et rendre tout projet de souveraineté impraticable. Dépouillé de toute composante ethnique, le nationalisme civique se berce de l'illusion que le droit et la démocratie suffiraient à bâtir une société, mais le jeune nationaliste conservateur sait que les lois, la mécanique des États et la technocratie des grandes organisations globalisées sont des fabrications artificielles en constant déficit de légitimité et sans prise existentielle sur les consciences individuelles. Elles ne fondent aucune identité commune, contrairement à la nation qui, elle, est une réalité vivante pour laquelle les individus sacrifient volontiers leur égoïsme. Il y a des Grecs et des Égyptiens, comme il y a des rats et des souris, soutenait Herder, et cette idée que les peuples sont le produit naturel de l'histoire, MBC la considère comme un solide rempart contre les assauts du pluralisme et des communautarismes.

Vu sous un certain angle, MBC est un écologiste, seulement ce ne sont ni les arbres, ni les cours d'eau, ni les écosystèmes qu'il veut sauver. Son souci, c'est l'intégrité des nations, surtout celles du monde « civilisé » (lire : l'Occident). Les peuples, explique-t-il, sont « des communautés politiques constituées » dont l'indépendance est « une nécessité vitale[10] » – comme les baleines bleues. La nation est une constante dans un monde fragilisé par

10. Mathieu Bock-Côté, « Le droit des peuples à exister est fondamental », *Le Journal de Montréal,* 24 juin 2018.

le mouvement: « Posons un principe fort: le Québec doit demeurer le Québec, la France doit demeurer la France, l'Italie doit demeurer l'Italie[11]. » Nous sommes ce que nous sommes de ne pas être ce que nous ne sommes pas. C'est aussi simple que cela. Reprocher à une nation d'exister serait aussi vain que de s'indigner de l'appétit du lion pour les gazelles. MBC souhaite ainsi nous rappeler que la souveraineté du Québec n'a pas pour but premier de donner corps à quelque idée abstraite comme la justice, l'égalité ou la liberté. On ne donne pas une forme politique à un peuple en s'appuyant sur des principes qui nous permettraient ensuite de juger de sa valeur et de sa dignité. En fait, seuls des esprits confus peuvent ainsi réduire la souveraineté à une défense de la démocratie et de la liberté. Sur ce point, il s'accorde avec Sartre: l'existence précède l'essence. Peut-être la rend-elle même superflue.

Sa défense de la nation séduit un large public, car elle offre une représentation de la collectivité qui n'est pas assujettie à l'arbitraire des volontés subjectives. Pour Bock-Côté, le pluralisme identitaire, ou multiculturalisme, fait proliférer ces subjectivités et fragmente la société, la dépouille de son unité politique. Ce ne serait en ce sens rien de moins qu'« une falsification

11. Mathieu Bock-Côté, « L'immigration, au-delà des invectives », *Le Journal de Montréal*, 21 juin 2018.

de la condition politique occidentale[12] ». La portée universelle de ce type de propos serait, selon l'historien Éric Bédard, la raison de sa réception enthousiaste au sein d'une droite française en quête d'un supplément d'âme pour ses politiques économiques[13]. Pourtant, l'opposition dramatique de l'identité (l'Un) et des identités (le Multiple) que met en scène MBC paraît à maints égards abstraite, voire floue. Sa conception du multiculturalisme est d'une étonnante plasticité, ce dernier étant tout à la fois une émanation de la gauche radicale, une arme de combat du marxisme culturel, un produit dérivé des études foucaldiennes, un fruit blet du poststructuralisme, une clef de voûte de la Constitution canadienne et, *last but not least,* l'éthos de l'élite technocratique mondiale. De la même façon, la gauche serait à la fois dominante, radicale, socialiste, anarchiste, progressiste, délirante et rusée, partout et nulle part, comme sait toujours l'être le mal.

MBC est engagé dans un *Kulturkampf* postmoderne pour défendre un « conservatisme transgressif[14] » contre les assauts répétés de l'esprit de la révolution culturelle de 1968, qui aurait liquidé toutes les anciennes hiérarchies.

---

12. Bock-Côté, *Fin de cycle, op. cit.*, p. 156.

13. Éric Bédard, « Revitaliser la démocratie : quelques réflexions sur le dernier livre de Mathieu Bock-Côté sur le multiculturalisme », *Argument,* vol. 18, n° 2, printemps-été 2016.

14. Mathieu Bock-Côté, *Le multiculturalisme comme religion,* Paris, Éditions du Cerf, coll. « Actualité », 2016, p. 30.

Il a beau être sociologue, ses analyses fustigent cependant pour l'essentiel des discours et glissent à la surface des réalités sociales. Les mouvements souterrains de la société, lents et difficiles à percevoir, échappent totalement à son attention. S'il rappelle sans cesse l'importance vitale de la verticalité et des hiérarchies institutionnelles, jamais il ne tient compte de la dynamique réelle de ces rapports sociaux dans le portrait qu'il fait de la société. La mondialisation économique, réduite à n'être que la toile de fond d'une étude des mœurs de ses élites intellectuelles, n'est dénoncée que pour l'image qui y est projetée d'une humanité apatride, sans feu ni lieu, portée hors de l'histoire. Elle a certes bouleversé la structure de la classe moyenne, admet-il, mais seulement pour la « redéployer[15] ». Où ? À quelles conditions morales et financières ? Cela, le sociologue se garde bien de le préciser.

Il se réclame de la sociologie libérale de Raymond Aron, mais contrairement à celui-ci, qui avait lu Keynes et introduit Veblen en France, Bock-Côté ne voit pas l'utilité de s'initier à l'économie politique pour comprendre le monde contemporain. Il rompt ainsi avec toute la tradition de la sociologie, dont l'objet a toujours été de concevoir l'unité de la société à partir du problème rémanent que pose la division sociale du travail. Surtout, il fait l'impasse sur cent cinquante ans d'histoire

15. Bock-Côté, *Fin de cycle, op. cit.*, p. 13.

occidentale tourmentée pour l'essentiel par la question de l'enracinement social de l'État. « Donnez-moi de la matière et du mouvement, je vous ferai un monde », soutenait Descartes ; donnez à MBC la famille et la nation, il vous bâtira une civilisation. C'est ainsi qu'ayant liquidé toutes les autres figures de la solidarité sociale, il se trouve libéré de penser leur articulation et peut s'attacher à imaginer ce prodige que serait une sociologie sans société.

On se demande alors quels liens sociaux concrets peut bien vouloir préserver ce jeune conservateur lorsqu'il se porte au secours des « formes d'appartenances héritées[16] ». La réponse à cette question se trouve peut-être dans une de ses chroniques du *Figaro* où il dénonce avec véhémence un rapport du think tank Terra Nova, qui préconise une hausse de l'impôt sur les successions en France. Une mesure fiscale « confiscatoire », qui contribuerait à « sectionner les liens entre générations », à « lacérer le lien social », s'insurge le sociologue, donnant ainsi la pleine mesure de ce qu'il entend lorsqu'il affirme que le conservatisme, c'est reconnaître que « l'homme est d'abord un héritier[17] ».

MBC peut bien se targuer de son romantisme à la française, on retrouve dans ses obsessions les signes

16. Mathieu Bock-Côté, « Macron, c'est la globalisation et le gauchisme culturel », *Le Figaro,* 22 février 2017.

17. Bock-Côté, *Fin de cycle, op. cit.*, p. 168.

d'un conservatisme libéral typiquement anglo-saxon, modérément démocrate, farouchement loyal à la propriété et à la grandeur de la nation, et universellement méfiant de toutes les médiations sociales du politique. Que la droite en France l'accueille aujourd'hui à bras ouverts ne fait que souligner l'aspect transatlantique du nouveau nom que s'est donné cette famille sur la scène politique : les Républicains.

Le tribun du peuple

De l'existence de Mathieu Bock-Côté, personne ne peut plus douter. Ce qu'il est, sa fonction sociale, n'en demeure pas moins un mystère. Même s'il écrit tous les jours dans des journaux, s'il s'exprime plusieurs fois par semaine à la télévision et à la radio, de son propre aveu, il n'est pas journaliste. Un diplôme lui permet de s'autoriser du titre de sociologue même s'il ne pratique pas ce sport de combat, affairé qu'il est à mener d'autres types de luttes. Son don d'ubiquité pourrait nous laisser croire que nous avons affaire à un être surnaturel. Un spectre venu de l'au-delà afin de mettre en garde la conscience occidentale contre la tentation multiculturelle ? Cette hypothèse séduisante donnerait au personnage une dimension par trop shakespearienne – l'imagine-t-on, sortant d'un bar du Vieux-Québec au petit matin, debout devant le parlement, entre les statues de René Lévesque et de Maurice Duplessis, déclamant de sa voix de ténor : « Le temps est disloqué. Ô destin maudit, pourquoi suis-je né pour le remettre en place ? » Même s'il avait ne serait-ce que l'envergure d'un Macbeth, l'époque n'est plus aux grandes tragédies élisabéthaines, et c'est plutôt du côté du « pouvoir infini du câble », comme le dit si bien le slogan de Vidéotron, qu'on trouve le sens de l'existence de MBC. Le jeune homme est partout dans les médias, en France comme au Québec, et cela donne à penser que c'est là son essence : communiquer.

Il faut reconnaître qu'il s'acquitte de cette tâche avec panache. Il a le verbe haut, des convictions fortes, et pour peu qu'on l'accepte pour ce qu'il prétend être, à savoir un intellectuel réfléchi et cultivé, son propos peut emporter l'adhésion. C'est un communicateur brillant. Quand il s'exprime, on se trouve libéré du chaos des opinions que produisent nos sociétés complexes. Bombardés de publicités clinquantes, mitraillés d'opinions politiques usinées par des boîtes de communication, assaillis d'affirmations surréalistes d'universitaires qui façonnent des concepts comme d'autres font des saucisses, pris en étau entre les affects des opprimés réels ou autoproclamés et la brutalité des dominants qui se déguisent en victimes, on en vient à avoir la conviction que le monde commun n'est qu'un tissu de dangereuses balivernes. MBC a eu le génie de comprendre que la meilleure façon d'en finir avec ce sentiment d'irréalité et d'indécision universelle, c'est d'adhérer avec une fermeté absolue à une seule idée qui tient dans un dé à coudre : *dans un monde soumis au relativisme moral et ravagé par la société de consommation, faisons du conservatisme une vertu.*

Que le conservatisme soit aujourd'hui représenté par des bouffons corrompus, des personnages indifférents aux faits, voire des ennemis de la réalité, cette folie n'ébranle en rien les convictions de MBC. Chaque fois qu'un Donald Trump, qu'un Bolsonaro ou qu'un Doug Ford triomphe, il exulte. Trump ? Une preuve de plus du divorce entre l'élite médiatique politiquement correcte et le commun des mortels. Mieux, il y décèle la confirmation que « nous n'avons pas assez étudié à quel point le politiquement correct exaspère les peuples[1] ». Certes, mais la forme que prend cette exaspération du peuple n'est-elle pas une prodigieuse extension du domaine de la déraison ? Eh bien non ! C'est la victoire du sens commun. L'expression d'un principe de réalité. Mais où est l'atome de réalité contenu dans la révolution conservatrice en cours ? Le mépris des institutions sociales ? La bière à un dollar promise par le premier ministre de l'Ontario Doug Ford, avec un slogan digne de Homer Simpson : *Buck-a-beer* ? Les offrandes fiscales aux riches ? La dénégation systématique de la science ? La haine du journalisme ? Non. Pour MBC, la vérité de la désastreuse victoire de Doug Ford, ou de celle d'un Donald Trump, c'est que « la droite populiste est l'enfant inavoué de la

---

1. Mathieu Bock-Côté, « La colère des peuples », *Le Journal de Montréal,* 9 juin 2018.

gauche politiquement correcte[2] ». C'est ainsi qu'un vide en appelant un autre, le monde court à sa perte et que MBC parvient à faire passer une mise en abyme pour une pensée vivante.

Hegel soutenait que la lecture quotidienne de son journal était une prière réaliste du matin, un moment de recueillement profane où l'on tourne le regard non pas vers les cieux, mais vers le monde. Il n'est pas assuré que Hegel parlerait aujourd'hui de sa lecture matinale avec autant de chaleur s'il lisait chaque jour MBC. Il s'interrogerait sur l'invasion de l'espace public par des personnalités qui doivent plus à leur renommée qu'à leur talent, et dont la fonction sociale consiste pour l'essentiel à produire du commentaire, puis à commenter les commentaires produits ailleurs sur leurs commentaires, à tel point qu'on finit par croire que ces discours n'ont pour finalité que d'engendrer d'autres discours. Qu'est-ce donc que ce personnage dont l'activité consiste à créer l'opinion publique dont il prétend ensuite être le porte-parole ?

MBC offre une réponse originale à cette question : il serait un tribun du peuple. Dans la Rome antique, le tribun du peuple était le procureur de la plèbe, laquelle, privée d'accès aux magistratures, obtenait par cette institution une capacité de faire entendre sa voix sur la

---

2. Mathieu Bock-Côté, « Comment fabriquer un Donald Trump », *Le Journal de Montréal*, 19 juillet 2018.

scène de la cité. En démocratie, fût-elle administrée à dose homéopathique, le citoyen étant en principe le détenteur ultime de la souveraineté, il ne devrait pas avoir besoin de tribuns. En effet, dans le parlementarisme, à défaut de détenir le pouvoir, le citoyen attend de la publicité des débats qu'elle lui permette de savoir comment et à quelles fins on l'exerce en son nom. Or la domination de l'élite progressiste et l'empire du politiquement correct auraient détruit cet équilibre, d'où le retour de la figure d'un défenseur du peuple qui, à l'instar de MBC, ne cède pas à la tyrannie d'un système médiatique ayant « peu à peu transformé la conversation démocratique en monologue progressiste[3] ». Par la seule force de son verbe, le tribun forcera le dialogue dans un univers politique et médiatique hermétique.

Il fut un temps, pas si lointain, où lorsqu'il s'agissait de railler l'esprit critique d'un journaliste, on le taxait d'être communiste, et il y avait alors assez de communistes dogmatiques parmi les universitaires, les journalistes et les écrivains pour qu'une telle billevesée paraisse vraisemblable. De la même manière, lorsque MBC lit dans une lettre d'opinion du *Devoir* que les animaux ont « une théorie de l'esprit » et « des droits inaliénables », qu'il entend à la radio que la distinction entre les hommes et les femmes n'est qu'un fruit de l'imagination sociale,

3. Mathieu Bock-Côté, « Les critères de la respectabilité médiatique mis à nu », *Le Figaro*, 24 mars 2019.

mais que néanmoins les premiers oppriment les secondes, quand il prend acte qu'on s'inquiète du racisme à la télévision dans des termes parfois excessifs, il en tire la conclusion que ces voix qu'il entend sont celles des nouveaux oppresseurs du peuple, des tortionnaires du bon sens. C'est ainsi qu'envers et contre tous, mais avec le soutien discret de quelques milliardaires et de leurs grands groupes médiatiques, eux aussi engagés dans la résistance, MBC promène sa fanfare partout dans les médias en se plaignant qu'il n'y a pas de place nulle part pour les Mathieu Bock-Côté du monde entier ! Et il faudrait entendre cette lamentation non pas comme la sienne, mais comme celle du peuple entier.

*
* *

Le monde des communications est-il à ce point en danger ? Fermé sur lui-même ? Instrumentalisé par d'obscures forces de gauche ? J'ai eu la chance, cette année, de manger avec un journaliste de la radio et de la télévision, tant publique que privée, reconnu pour sa contribution à des émissions d'affaires publiques. J'ai soulevé avec lui ces délicates questions. Lors de nos échanges, il m'a confié que les administrateurs de Radio-Canada, à l'instar de ceux des médias privés, craignent comme la peste le mot « idée », bien plus que la droite ou la gauche. Considéré comme une personne mesurée et pas franchement de gauche, il déplorait cette méfiance pour l'intelligence et les intellectuels, qui serait le revers d'une passion incontrôlée pour le vedettariat et le « journalisme » d'opinion. Mais alors, ai-je objecté, comment expliquer qu'on invite Alain Deneault aussi souvent à la radio et même à la télévision ? Il a réussi à parler de Hölderlin en ondes cette année, ce n'est pas peu dire ! C'est qu'il « personnifie l'indignation », m'a poliment expliqué mon informateur.

En entendant cette réponse, j'ai compris, après trente ans d'expérience des médias, ce qu'était le monde des communications, ce milieu où vit et prospère MBC. C'est le village des Schtroumpfs. Un monde sympathique où chacun est prié de ne jouer qu'un rôle, deux à la rigueur, et de s'y tenir rigoureusement. Il y a l'indigné, le jeune premier, on y croise l'intellectuel ou l'artiste, le migrant, etc. Tous doivent impérativement être comiques ou heureux pour donner l'impression d'avoir de l'esprit. Certains ont le droit d'être cinglants, et ceux qui ont l'opiniâtreté géniale d'un Falardeau peuvent même être vulgaires. Le monde des communications est ainsi peuplé de quelques schtroumpfettes, de plusieurs schtroumpfs farceurs, de quelques schtroumpfs musiciens, parfois d'un schtroumpf paysan, de deux ou trois schtroumpfissimes (Trump, Ford, Le Pen) et, puisqu'il le faut, d'un schtroumpf grognon – ce pourrait être Alain Deneault.

Dans cet univers balisé dont le scénario est aussi prévisible qu'un film de Chuck Norris, MBC incarne avec brio le Schtroumpf à lunettes. Tout village qui se respecte a son Schtroumpf à lunettes, cet être grandiloquent, verbeux, sentencieux, engagé dans l'éloge permanent du Grand Schtroumpf – ici : de Gaulle, Aron, Groulx. Il nous soûle de sa verve, mais suscite aussi des vocations de farceurs et d'entarteurs et, même si on ne se l'avouera pas, on trouverait la vie un peu terne sans lui. Il nous faut des Schtroumpf à lunettes ou des Achille Talon, sources intarissables de contenu pour les chaînes de communication infinie que sont devenues nos sociétés.

La semaine où j'ai eu cette illumination, Nicolas Hulot en a eu une lui aussi qui l'a poussé à démissionner de son poste de ministre de l'Écologie en direct sur les ondes de France Inter. Comme l'ont déclaré les animateurs par la suite, ils ont tout de suite senti qu'ils vivaient un grand moment de radio, une page dans l'histoire du village des Schtroumpfs, tandis que le ministre, lui, s'efforçait de signaler que l'heure était grave et que l'indifférence des pouvoirs à la crise écologique nous menait à notre perte. « Je me surprends tous les jours à me résigner, à m'accommoder des petits pas, alors que la situation universelle, au moment où la planète devient une étuve, mérite qu'on se retrouve et qu'on change d'échelle », reconnaissait Hulot devant deux journalistes qui dissimulaient à peine leur excitation. De l'autre côté de l'océan, Patrick Lagacé, chroniqueur du quotidien *La Presse,* sans doute considéré par MBC comme un organe de l'hégémonie « progressiste », a réagi dans une chronique où il défendait cette indifférence et expliquait pourquoi il ne parle jamais des changements climatiques. « Il croit » au changement climatique, dit-il, mais « il sait » qu'il est vain d'en parler, car on ne changera pas des milliards « d'hommes et de femmes ». Le voilà qui pose en Schtroumpf coquet. Partout où il porte son regard, ce personnage ne voit que le reflet de ses désirs immédiats, de sorte qu'il n'apprend jamais rien. Chaque ligne de son texte suinte d'ignorance en matière de changements climatiques, de sorte qu'en réalité, il aurait dû écrire : je « ne sais rien » de la crise écologique et je « crois » que nous sommes foutus – ce qui serait en effet le cas s'il fallait changer la nature humaine, comme il le prétend, mais heureusement pour nous, ce ne sont que nos pratiques économiques qui sont en cause.

La démission de Nicolas Hulot a provoqué un séisme politique en France, et l'amplitude de cette secousse a été ressentie jusqu'au Québec. Qu'en a pensé MBC, tête de pont de la pensée québécoise en France ? MBC n'a pas grand-chose à dire, lui non plus, sur l'écologie. Mes recherches n'ont pour l'instant découvert que deux textes à ce sujet. Un article paru dans la revue *Argument,* en 2008, où il admet qu'il faut mener des « politiques ambitieuses [...] pour s'assurer de conserver un monde habitable », sans préciser lesquelles, préférant pourfendre la folie des écologistes, ces apprentis dictateurs qui cherchent à instaurer une théocratie verte, dont « les fidèles tous ensemble, s'inclinent plusieurs fois par jour vers la ville sainte de Kyoto[4] ». Puis, en 2018, dans *L'Express*, il accorde une entrevue où il plaide pour un écologisme conservateur dont il ne dit pas grand-chose, si ce n'est qu'il serait favorable aux frontières.

Commentant les élections québécoises de l'automne 2018, notre homme a expliqué qu'elles étaient ennuyeuses, car on n'y proposait aucune politique au sens le plus élevé du terme. La démission de Hulot, le débat sur la crise écologique, dont il a admis lui-même qu'elle exigeait des « politiques ambitieuses », n'était-ce pas, pourtant, une occasion de nous montrer pour une fois ce que son conservatisme pourrait concrètement apporter à la société ? Qu'est-ce qu'une politique ambitieuse ? Que ferait de Gaulle s'il était encore parmi nous ? On attendait une réponse à ces questions urgentes, on aura plutôt eu droit à une chronique en défense... des soutiens-gorge. Certaines femmes, paraît-il, n'en veulent plus, mais lui, il y tient[5].

On aime bien le Schtroumpf à lunettes, mais on sait aussi qu'emporté par sa logorrhée, il parle généralement pour ne rien dire. Il pose en victime de la censure lorsqu'on l'entarte, il se plaint partout et toujours de la légè-

---

4. Mathieu Bock-Côté, « L'écologisme comme religion séculière », *Argument*, vol. 11, n° 1, automne 2008-hiver 2009.

5. Mathieu Bock-Côté, « Brassières et délires », *Le Journal de Montréal*, 4 septembre 2018.

reté de ses compatriotes, il consacre une énergie folle à pointer du doigt les imperfections des autres, mais il répond rarement aux questions qu'il soulève.

L'HOSPITALITÉ

Le projet de lire Mathieu Bock-Côté s'enorgueillit de sa grande liberté. Il a la vérité pour étoile du Nord et ne dépend d'aucun financement public ou privé. Il repose exclusivement sur la curiosité intellectuelle de son auteur – ou sur ce que certaines mauvaises langues se plaisent à désigner comme son étonnante capacité à perdre du temps. Cette indépendance spirituelle et matérielle soustrait notre enquête à la tyrannie de l'opinion et l'autorise à se prendre pour un authentique effort de compréhension. Je ne saurai jamais ce que pense un ver de terre ou un caillou. Il m'est cependant permis d'espérer comprendre MBC, car on peut toujours aspirer à percer l'écorce d'une idée, même celles qui surgissent devant nous comme des phénomènes extraterrestres. La faculté de penser, dont sont dotés tous les êtres humains et en vertu de laquelle chacun a une dignité absolue, fait qu'aucune culture, aucune idée, aucune réalité humaine ne m'est radicalement étrangère.

Jadis, dans mes cours d'anthropologie, j'ai appris que pour mener à bien son travail scientifique, l'ethnologue doit s'identifier au peuple qu'il étudie tout en maintenant une distance avec lui. Cette réserve amicale est garante de l'intégrité de son savoir. L'ethnologue se trouve ainsi dans une situation paradoxale. Il doit s'intégrer à un groupe, devenir familier de ceux qui le composent, mais sans jamais cesser de leur être étranger. Cela peut susciter des tensions. « Je hais les voyages et les explorateurs », écrit Claude Lévi-Strauss au début de *Tristes tropiques* pour déclarer sa méfiance envers l'exotisme, qui réduit l'autre à un mirage, mais aussi sa détestation de l'aventure, qui est un piège pour l'anthropologue. Claude Lévi-Strauss a consacré sa vie à l'anthropologie, mais il exécrait le terrain. Il n'était jamais plus heureux qu'à Paris, dans le confort de son cabinet. Il aimait l'autre, mais de loin, ou de passage.

On retrouve une attitude semblable chez son confrère Bronisław Malinowski, auteur du chef-d'œuvre *Les Argonautes du Pacifique,* livre magnifique qui démontre l'importance fondamentale du don dans les relations humaines. Son examen de l'institution de la *kula* – un rituel d'échanges dont le circuit s'étendait sur des centaines de kilomètres – révèle la dimension symbolique et culturelle qui fonde les échanges humains. Nulle société, observait Malinowski, ne peut durer si elle repose sur les seuls calculs froids du commerce et de l'intérêt. L'échange commercial nu n'assure que le mouvement des choses et il institue l'autre en étranger ou en concurrent, tandis que la culture, l'esprit du don et les rites sociaux instituent l'autre en prochain : en frères, en sœurs, en compagnons de travail, en collègues, en membres d'un même groupe, etc. Pendant les six années qu'il a passées en compagnie des Trobriandais et qui lui ont inspiré cet ouvrage, Malinowski a tenu un journal personnel, publié après sa mort. Quelles confidences recèle ce document ? Que la vie des indigènes apparaît entièrement dénuée d'intérêt à l'anthropologue. Il est malheureux, il abandonne régulièrement ses recherches pour se plonger dans des romans, car il préfère la compagnie de Flaubert, il se lève trop tard, fait sans cesse la sieste, il souffre d'hypocondrie, il se sent terriblement seul. Il est d'ailleurs en butte constante à ses « fâcheuses tendances naturelles », exacerbées par les impudiques Trobriandaises et le souvenir lancinant d'une amante anglaise.

Il n'y a pas d'effort de connaissance sans souffrance, et le besoin de faire de l'ordre dans le monde par l'écriture et la pensée procède de la passion. Celle-ci a été la force, l'énergie créatrice, qui a permis à de grands esprits comme ceux de Malinowski et de Lévi-Strauss de surmonter, sans l'abolir, la distance entre eux et les peuples avec lesquels ils ont vécu – tâche qu'ils ont accomplie en révélant ce que ces peuples ont à nous apprendre sur l'humanité.

Cette expérience des ethnographes n'est pas sans rappeler celle de l'immigration, laquelle est devenue une fixation politique des temps présents. Ce thème s'est d'ailleurs invité pendant la campagne électorale de septembre 2018, sous la forme d'une averse de statistiques sur la francisation des nouveaux venus, la « capacité d'intégration du Québec », la « menace » qu'ils font peser sur notre identité. Un déluge de chiffres dont MBC s'est trouvé tout revigoré. À tel point qu'il nous a fait la scène de l'orignal épormyable : « À Montréal, un nouveau peuple prend forme, qui se sent de moins en moins concerné par le destin du Québec francophone », « la majorité historique francophone » s'érode, elle est « hantée par son impuissance collective[1] » ; il nous a même enjoints à la télévision de tenter une expérience extrême : « Allez au Carrefour Laval, vous découvrirez que le Québec français est une légende urbaine, une fiction charmante. » Une légende ? Les plantes, la lumière, l'espace public, la socialité, même l'air ambiant sont des fictions au Carrefour Laval, mais je m'y fais toujours servir en français. Vous n'y êtes pas du tout ! « Le français doit être bien davantage qu'un moyen de communication ! », rugit MBC. Il n'a pas tort. Cette nuance est importante. Bien plus que le droit d'avoir des caissiers qui disent « Bonjour » sans ajouter « *Hi* » du même souffle ou des appels automatisés avec des voix de robots francophones, c'est une culture commune qu'il faut défendre au Québec.

---

1. Mathieu Bock-Côté, « François Legault et l'immigration », *Le Journal de Montréal*, 6 septembre 2018.

Sur ce point, je suis d'accord avec MBC, mais pourquoi diable ai-je toujours le sentiment qu'à ses yeux, cette culture ne peut être partagée que par ceux qui, enfants, ont bu le même lait et respiré la même fumée que lui ?

Il y a dans la langue française de très jolis mots. J'aime particulièrement le vocable « hôte », surtout pour sa polysémie. Ce mot, en effet, désigne la personne qui accueille et reçoit chez elle, mais aussi celle qui est invitée et reçue. C'est comme si la langue nous chuchotait à l'oreille que dans l'accueil, nous sommes tous les mêmes et, néanmoins, tous différents. « Hôte » appartient au champ lexical de la bienveillance invitante, de l'hospitalité, mais sa racine latine, *hostis,* qui signifie « étranger », a aussi donné « hostile » pour désigner l'ennemi. Il y a en effet un moment dans l'accueil où rien n'est joué, où l'on se sent comme Malinowski en Nouvelle-Guinée, mal à l'aise, inquiet, potentiellement inamical. Mais comme le précise le linguiste Émile Benveniste, un *hostis* n'est pas n'importe quel étranger. C'est l'étranger auquel on a ouvert la porte de notre maison. Et pour que cet accueil opère, insiste le linguiste, il faut instituer une relation d'égalité entre les hôtes, d'où l'on déduit que la notion d'« hospitalité » est marquée en creux par la vie civique et politique. L'accueil sans réserve est un don, une générosité, mais c'est aussi un pouvoir, celui par lequel on octroie à l'invité des droits qu'il n'avait pas avant, et sans lesquels aucune réciprocité ne serait possible. C'est à cette condition seulement que la relation d'amitié l'emporte sur celle de l'inimitié, qu'on échappe au domaine de la violence pour entrer dans celui des choses de l'esprit.

Sur un plan personnel, subjectif, l'hospitalité c'est aussi accepter qu'une part de l'autre m'échappera toujours, sur laquelle aucune générosité, aucun don, aucun droit n'aura de prise. Il est vrai que je porte en mon âme, mon cœur et ma chair le Canada français que j'ai reçu en héritage de mes parents, et que cet ancrage, mon ami Mouloud ne le ressentira jamais aussi intimement. De la même façon, l'essence de son héritage kabyle restera à jamais pour moi mystérieuse. Mais Mouloud habite ici, il m'a battu à un quizz sur les Expos, je le soupçonne fortement d'être souverainiste. Il est mon frère, jusque dans nos désaccords, intellectuels et politiques. Chez Amir Khadir, il y a un portrait de René Lévesque accroché au mur, et je ne connais aucun autre politicien québécois qui sache aussi bien réciter du Gaston Miron. Jamais je n'ai été aussi ému que lorsque j'ai entendu Ines Talbi chanter *Mommy* de Pauline Julien. J'aurais aimé que MBC en parle. Il a préféré s'insurger contre Émile Proulx-Cloutier lorsqu'il a adapté la même chanson pour parler de la disparition des langues amérindiennes.

Il y a chez MBC des silences qui en disent plus long que toutes ses vociférations. Des craintes qui ne sont en réalité qu'une façon de se complaire dans son ignorance. Un refus de comprendre.

La mélancolie

J'ai dîné en septembre avec un ami dont j'admire l'intelligence et la sensibilité. Il m'a fait l'éloge d'un texte de Mathieu Bock-Côté paru dans *Le Journal de Montréal,* dont le titre évoque les tourments de son auteur: « Quelques observations mélancoliques sur ce que devient le Québec ». Ce texte, je l'ai lu cinq fois, à l'endroit, à l'envers, de biais, et je n'arrive pas à me défaire de l'étrange impression que la gravité de son ton masque une légèreté insoutenable. « C'est un texte formidable », a pourtant insisté mon ami, me reprochant d'être aveuglé par ma « passion ». Alors j'ai puisé dans le règne des arthropodes pour m'expliquer. Il y a sur nos lacs un insecte qu'on appelle « patineuse » parce qu'il glisse à vive allure et avec agilité à la surface de l'eau. Imagine, ai-je poursuivi, une de ces punaises d'eau qui aurait passé une longue journée d'été à sillonner de vastes étendues lacustres et qui se serait laissée tenter par la philosophie. Celle-ci, j'en suis convaincu, rentrerait chez elle au crépuscule pour annoncer à son entourage que la grande vérité de leur monde, c'est que le fond des choses est sombre. Ma petite fable sur MBC a arraché un sourire à mon ami, mais ce sera sa seule concession à mon jugement sur cette chronique.

Le Québec que MBC aime n'est plus que l'ombre de ce qu'il fut, et le pauvre garçon en a le cœur tout brisé. Il est en proie à une crise de mélancolie identitaire. Grâce à Freud, nous savons que psychiquement, la mélancolie est une affliction qui ressemble au deuil, à cette différence près que la souffrance n'est pas provoquée par la disparition d'une personne ou d'une réalité tangible, mais par une perte de nature plus « idéelle ». Un peu comme lors d'une peine d'amour, où ce n'est pas tant la personne aimée que l'on regrette que l'amour qui nous liait à elle. On peut pleurer sa patrie de la même manière, précise le père de la psychanalyse. Le mélancolique pâtit moins de l'absence d'un corps que de celle d'un lien. Puisque ce qui se dérobe ainsi à la conscience n'est pas une réalité finie, mais un désir, l'âme mélancolique peut ressasser sa perte à l'infini. Le cas échéant, elle oscille entre deux tentations. Celle, désespérée, de retenir l'image de ce qui n'est plus, de se convaincre de sa rémanence, voire, en cas de crise aiguë, « de restaurer l'ancien mode de satisfaction par l'hallucination[1] ». Mais, le plus sou-

1. Sigmund Freud, *Deuil et mélancolie,* Paris, Payot, coll. « Petite bibliothèque Payot », 2011, p. 34.

vent, l'âme amputée cède à la tentation de la plainte et transforme sa révolte contre les faits en acte de contrition et de déploration, exposant au grand jour la mesquinerie du moi dès lors qu'il est privé de cette relation à l'autre qui fondait son identité. Il y a là, dit Freud, une grande vérité sur la connaissance de soi, mais, s'empresse-t-il d'ajouter, on se demande pourquoi il faudrait « tomber malade afin que cette vérité nous devienne accessible ». En effet, vivre dans le regret perpétuel d'un amour passé est une forme de complaisance. À plus forte raison si on n'a pas connu ou vécu ce dont on pleure la perte, comme c'est le cas avec MBC, qui regrette la disparition du Québec des années 1950. La saine raison commande parfois de laisser les morts enterrer les morts, de lâcher prise et de vivre.

Dans les années 1930, Churchill faisait ce constat étonnant : « [P]resque rien [...] de ce que j'ai été formé à croire permanent et vital n'a duré. Tout ce que je tenais pour assurément impossible ou qu'on m'a appris à croire tel s'est produit[2]. » Les routes de l'histoire, racontait en ce sens un de mes professeurs à l'université, sont des chemins forestiers : on sait où elles commencent, mais on ignore toujours où elles aboutiront. Elles sont ainsi jonchées des convictions anciennes devenues inutiles aux exigences du temps présent. Leur vérité, dès lors, ne

---

2. Cité par Hannah Arendt, dans *Responsabilité et jugement*, Paris, Payot, coll. « Petite bibliothèque Payot », 2009, p. 94.

se trouve ni dans leur point de départ ni dans leur point d'arrivée, mais toujours sous les pieds de ceux qui y marchent. C'était aussi l'avis de Churchill, dont on sait qu'il a choisi de faire l'histoire au lieu de la déplorer.

MBC préfère quant à lui les morts. Je m'étonne que ses textes ne paraissent pas dans les pages nécrologiques de son journal. Il marche dans les pas des vieux nationalistes comme Maurice Barrès ou un de ses nombreux épigones du début du XXe siècle qui, tel Lionel Groulx, croyaient qu'après tout, les cadavres étaient ce qu'il y avait de plus vivant comme ferment dans nos sociétés. Les observations de notre jeune mélancolique partent ainsi du constat que les Québécois, dans leur majorité, sont devenus étrangers à eux-mêmes, une déclaration d'usage. Mais dès la phrase suivante, sa chronique prend le large. S'ensuit, en effet, une surprenante déploration du fait que les jeunes répudient l'héritage de la Révolution tranquille, qu'ils « ne se sentent pas appelés à la poursuivre[3] », qu'ils n'entretiennent plus l'attachement au « nous », à ce que nous fûmes, et donc à ce que nous pourrions être. On se demande bien, en lisant de telles affirmations, ce que faisait MBC en 2012 quand la jeunesse manifestait pour l'accès à l'éducation en récitant des vers de Miron, affrontant le courroux de l'élite du pouvoir pour préserver l'héritage institutionnel de la

3. Mathieu Bock-Côté, « Quelques observations mélancoliques sur ce que devient le Québec », *Le Journal de Montréal*, 24 septembre 2018.

Révolution tranquille, justement. Jean Garon, Jacques Parizeau, même l'ancien ministre libéral Jean Cournoyer soutenaient les étudiants, parce qu'ils reconnaissaient dans leurs revendications les aspirations qui avaient été les leurs. Lorsqu'on lui a demandé ce qu'il pensait du mouvement sur le plateau de l'émission de télé la plus suivie au Québec, MBC a répondu du bout des lèvres que la société québécoise n'avait pas vraiment les moyens de poursuivre le projet d'une éducation accessible à tous. Quand 300 000 personnes descendent dans la rue pour défendre l'héritage de la société, on assisterait à la manifestation d'un caprice indu, mais lorsqu'un sondage révèle que l'opinion est favorable à une de ses causes fétiches, comme la fermeture des frontières, c'est le peuple qui s'exprime.

La Révolution tranquille, il préconise à peu près partout dans ses autres livres de s'en méfier. Trop technocratique, trop exclusivement civique, trop généreusement progressiste pour ne pas être suspecte. Au mieux, elle aura été le nouvel atour d'une vieille idée inusable. MBC plaide en fait pour la défense obstinée d'un « particularisme national » et pour la « renaissance d'un conservatisme [...] ne se réduisant pas à la culture québécoise telle qu'elle a été réinventée dans la dynamique de la Révolution tranquille[4] ». Mais le voilà qui prétend vouloir sauver cette même Révolution tranquille, même

---

4. Bock-Côté, *Fin de cycle*, *op. cit.*, p. 141.

s'il est fondamentalement contre. Il est donc pour la mort d'un certain Québec, mais il est déçu de constater que les cadavres qu'il enjambe ne bougent pas. Le reste est à l'avenant. Une chose. L'autre. Et finalement, son contraire. Il en va toujours ainsi. Pour l'écologie, donc, mais contre les écologistes. Pour le pays réel, mais pas tel qu'il est. Pour l'égalité entre les hommes et les femmes, mais contre les féministes qui culpabilisent le désir des hommes. Pour l'évolution des représentations collectives, mais seulement si elles n'affectent pas l'essence immuable de « la majorité historique francophone ».

Il y aurait de l'espoir pour la paresse si le devenir d'un peuple consistait à demeurer toujours ce qu'il est déjà. Il passerait l'épreuve du temps sans entrer en opposition avec lui-même. Il pourrait conquérir son identité en s'épargnant la tâche d'assurer la coexistence en son sein d'individus et de groupes étrangers les uns aux autres. La nation se contenterait d'être. Or pour penser ainsi, il faudrait rompre avec toute l'histoire récente du Québec, voire avec l'histoire tout court. En effet, qu'est-ce que poursuivre l'héritage de la Révolution tranquille aujourd'hui si ce n'est d'accepter que le Québec ne peut gagner son identité qu'en s'ouvrant en lui-même à ce qui lui est étranger ?

Dans les années 1960, les Canadiens français ont abandonné l'idée que leur foi puisse être la gardienne de leur langue ; ils ont déposé aux pieds du corps politique de la société leurs loyautés, leurs fidélités, leurs solidarités, leurs paroles et leurs habitudes, tout ce en quoi ils se reconnaissaient. Ils ont agi librement, car ils savaient que les cercles étroits de la parenté et des amitiés ne suffisaient plus à leur assurer un avenir. Nul oubli de soi dans ce geste, seulement la manifestation d'une confiance en soi. Le sacrifice du Canada français n'était pas vain, car les pertes encourues étaient récompensées par le droit d'exiger des autres qu'ils sacrifient aussi une part d'eux-mêmes à l'essor d'une communauté politique francophone transfigurée. Tel est l'esprit de la loi 101, qui impose l'éducation en français aux nouveaux arrivants, et qui est la loi politique par excellence du Québec contemporain.

Avec la Révolution tranquille, le Canada français a offert son corps en échange d'un surcroît d'être. L'offrande était considérable. Le sociologue Fernand Dumont se demandait même si les Québécois n'avaient pas ainsi présidé à la célébration « exaltée que se donne une société avant d'entrer dans une agonie silencieuse[5] ». Mais ce risque, insistait-il, ne devait en aucun cas nous inquiéter au point de céder à la tentation morbide de confondre conscience de soi et fermeture sur soi. Voilà l'héritage dont dispose aujourd'hui la jeunesse. Pour citer Arendt, il n'est fixé par aucun testament. On ne trouvera pas sa

---

5. Fernand Dumont, *La vigile du Québec*, Montrréal, BQ, 2015, p. 101.

vérité dans la mélancolie des choses passées ni dans la représentation fantasmée de l'avenir, mais bien dans le présent.

Le voile

J'ai visité cette semaine un établissement d'enseignement secondaire de la ville de Montréal que mon fils pourrait fréquenter l'an prochain, une très bonne école dont on devine, à sa peinture défraîchie et à ses meubles des années 1980, qu'elle est gérée par l'État. Dans le laboratoire de sciences, m'a expliqué ma fille qui y étudie depuis trois ans, il ne faut surtout pas ouvrir les fenêtres, car elles risqueraient de tomber ou de ne plus se refermer. Personne, dans la foule qui avançait dans les corridors aux murs ternes, ne semblait s'émouvoir de l'état des lieux. Dans une société dirigée par des millionnaires persuadés qu'une famille peut vivre avec 75 dollars par semaine, mais qui jugent qu'il serait indécent d'augmenter de 3 % l'impôt sur le capital, on ne s'étonne même pas de ce que la jeunesse doive se cultiver dans des ruines. L'école publique tient moins grâce à ses murs que grâce à la vocation de ses enseignants et à l'enthousiasme de ses étudiants. Les fondations craquent, mais les fondements tiennent le coup, comme le Québec contemporain.

Il y avait beaucoup de monde à cette journée portes ouvertes. Des étudiants et des enseignants guidaient les visiteurs d'une salle à l'autre. À l'entrée, une jeune adolescente cordiale et fière de ses responsabilités nous a accueillis, mon fils, ma fille et moi-même. Comme la cohue et l'excitation de mes enfants commençaient à me donner le vertige, j'étais soulagé qu'elle m'offre son aide. J'ai été frappé par la joie qui se dégageait d'elle, puis par ses yeux. Il y avait dans son regard une lumière dont l'intensité dénotait une grande intelligence. Les adolescents singent plus souvent les adultes qu'ils ne veulent l'admettre, mais comme l'a écrit le poète René Char, « l'acte est vierge, même répété ». À travers le regard et l'action des jeunes, le monde, aussi vieux et usé soit-il, a la chance inouïe de naître à nouveau. J'ai envié ce monde d'avoir devant lui le bonheur de se redécouvrir à travers les yeux de cette jeune fille.

Après qu'elle nous eut indiqué notre chemin, nous l'avons remerciée avant de la quitter. Et ce n'est qu'un peu avant qu'elle disparaisse derrière moi que j'ai remarqué qu'elle portait un voile de soie blanche. J'ai été étonné de ne pas m'en être aperçu. La couleur discrète, peut-être ? Pour mes enfants, ces détails n'ont aucune importance. Voiles, tatouages et piercings appartiennent tous à la catégorie générale de l'apparence, et il ne se trouve personne parmi leurs amis pour les contredire sur ce point, pas même celles qui portent le hijab. C'est ainsi qu'on vit dans les écoles de Montréal, et on n'y est pas plus mal qu'au séminaire des pères maristes que je fréquentais, adolescent, et où seuls les pensionnaires arrivés de la campagne se distinguaient du lot par leurs manières, et encore.

Sur le chemin du retour, nous sommes passés devant un grand panneau publicitaire faisant la promotion des chroniqueurs du *Journal de Montréal*. On y voyait Mathieu Bock-Côté, l'air sérieux, le regard sombre, les yeux un peu cernés, le sourire narquois et, en grosses lettres blanches, le slogan : « Pas de cassette, pas de gants blancs ». Personne n'aurait idée de mettre des gants blancs avec une chemise à la Bernard-Henri Lévy comme celle qu'il portait pour la photo, mais pas de cassette ? L'objet est sans doute trop moderne pour lui. Assurément, ce doit être un phonographe qui joue en boucle ses discours. À cet égard, le national-bockcôtisme a connu une semaine faste. La victoire de la droite affairiste aux élections provinciales a relancé la ritournelle : voilà la preuve par quatre que la gauche radicale de Québec solidaire (QS) est le poison qui tue le PQ, le venin qui assèche une nation, laquelle, par bonheur, a su manifester sa vitalité en votant pour la Coalition Avenir Québec (CAQ), qui a eu la brillante idée d'annoncer qu'elle bouterait les femmes voilées hors de l'État. Si seulement Legault était souverainiste ! Le monde serait parfait !

Tous ces débats sur les signes religieux, la laïcité, les artefacts de notre patrimoine – un seul, en réalité: le crucifix qu'on trouve au parlement – sont ceux d'une collectivité qui cherche son unité dans des symboles, à défaut d'avoir le courage de réparer ses fondations. Dans une société qui, de plus en plus, ne tient qu'au miracle de la bonne volonté de tous et où gouverner, c'est principalement réduire les impôts de ceux qui en payent déjà le moins, l'image de la vie collective se substitue à sa réalité. La succession des générations, soutenait Arendt, comme tous les recommencements, porte en elle la promesse du mieux. C'est la raison pour laquelle même lorsque le pire arrive, il ne prive jamais totalement l'humanité de la possibilité de faire le bien. La jeunesse trouve toujours devant elle un monde qui lui est un peu étranger, mais où elle a aussi à charge de prendre place. Il lui faut se battre pour y arriver. Ce jour-là, je me suis dit que les jeunes que je venais de croiser devaient parfois désespérer de ces adultes qui laissent joyeusement leur monde s'écrouler, mais qui s'inquiètent de si peu.

Le refus

Quand je suis entré dans la demeure de la propriétaire des éditions Suhrkamp où, tous les ans, la maison organise un cocktail à l'occasion de la Foire du livre de Francfort, un vieux souvenir est remonté à la surface de ma conscience : celui des asperges que nous avait servies la vieille tante de Carola, un dimanche brumeux de février 2002, à Worpswede, une petite ville de la Basse-Saxe devenue colonie artistique à la fin du XIXe siècle. Des asperges blanches enroulées dans des tranches de jambon sec et nappées de sauce hollandaise. Notre hôte, la veuve d'un riche industriel qui, à 75 ans, venait de retrouver l'amour, était de belle humeur ce jour-là. Elle avait ouvert deux bouteilles de riesling de vingt ans, produit du vignoble familial. Ce vin était un pur délice, et le plat, bien que frugal, un ravissement. La maison était grande et, à en juger par son style moderne maîtrisé, elle avait dû être construite dans les années 1960 par un architecte de talent. Amène et diserte, la tante nous a parlé de son enfance dans la Prusse orientale, une région qui fait aujourd'hui partie de la Pologne. Elle a raconté son exil, lorsque les troupes russes sont arrivées en 1945, le ventre noué par la peur d'être violée. Mais par-dessus tout, elle a partagé sa passion pour la peinture.

Pourquoi ai-je pensé à ces asperges et à ce riesling en arrivant à la réception donnée par le grand éditeur allemand ? Je crois que cette réminiscence a été provoquée par le mélange de haute culture et de grande richesse qui imprégnait les lieux. Les asperges de saison servies avec un grand vin chez la tante de Carola, un tableau de Warhol dans le vestibule de la maison Suhrkamp, mais un salon dépouillé où s'empilent dans de sobres bibliothèques les meilleures œuvres de la poésie et de la pensée critique allemande. Dans un cas comme dans l'autre, le sentiment, sans doute un peu illusoire, que l'argent sert parfois d'autres maîtres que lui-même.

Francfort est la plus grosse foire du livre de la planète. Dans d'immenses pavillons, dont l'ensemble forme une sorte de mégalopole éphémère, les éditeurs, agents, distributeurs, imprimeurs, packagers du monde entier se réunissent pour faire des affaires. Pendant toute une semaine d'octobre, la ville est assiégée par des dizaines de milliers de Russes, de Canadiens, de Géorgiens, de Québécois, d'Allemands, de Brésiliens, des vendeurs de Corans et des marchands d'espoir révolutionnaire, des producteurs de romans de gare et de grands éditeurs littéraires, des éditeurs jeunesse et quelques gâteux. On y trouve de tout, et toujours, en ces lieux, on se demande si l'argent permet à la culture de foisonner ou si c'est la culture qui n'est qu'un moyen de faire de l'argent. Heureusement, pour oublier cette embarrassante question, il y a l'alcool qui coule à flots dans les fêtes et les rencontres formidables qu'on ne manque pas d'y faire.

Ma tournée des presses universitaires et des éditeurs d'essais m'a permis d'établir l'état du monde suivant : les Brésiliens craignent le retour du fascisme chez eux, les Anglais désespèrent du Brexit qui amènera le pays au bord de la ruine économique, disent-ils, les Argentins sont frappés par une énième crise d'inflation, les Italiens sont au désespoir de voir la droite radicale au pouvoir à Rome, les Allemands s'étonnent du retour en force du racisme militant sur leurs terres, les Français ne doutent pas qu'ils goûteront sous peu à une nuance locale de cette vague politique brunâtre et les Américains ne s'expliquent toujours pas Trump, mais estiment pouvoir s'en consoler dans les politiques identitaires – un éditeur d'une prestigieuse presse universitaire m'a présenté un livre signé par quelqu'un qui exige qu'on l'appelle « *them* » puisque plusieurs identités se disputent son corps. Enfin, tous s'inquiètent de la crise écologique, ce qui n'empêche pas cette hanse des lettres (dont je suis) de continuer à promener son cirque en avion d'un bout à l'autre de la planète. On n'en est pas à un paradoxe près.

De retour au pays, j'ai pris part à une table ronde sur le manifeste *Refus global,* dont on souligne cette année le soixantième anniversaire. J'ai toujours trouvé ce texte plutôt mal écrit et pourtant traversé d'un souffle de vie surprenant et ponctué de phrases fortes qui résonnent avec les exigences du présent: « Le règne de la peur multiforme est terminé » ; « Au refus global nous opposons la responsabilité entière » ; « Nous prenons allègrement l'entière responsabilité de demain » ; « Si nos activités se font pressantes, c'est que nous ressentons violemment l'urgent besoin de l'union ». L'art, la pensée, la vie même du peintre Paul-Émile Borduas, soutenait Pierre Vadeboncoeur, n'ont jamais proclamé qu'un seul impératif: « avoir de la vérité dans notre rapport à la vérité[1] ». En sommes-nous encore capables aujourd'hui ?

Quiconque veut en savoir davantage sur la révolte politique des peintres automatistes et des poètes québécois de la fin des années 1940, peut découvrir à l'Espace musée du siège social de Québecor une impressionnante collection d'œuvres des signataires du *Refus global,* parmi lesquelles un original du manifeste. Après tout, c'est à l'enseigne d'un éditeur de ce même groupe que le texte historique est aujourd'hui publié. Pierre-Karl Péladeau, président et chef de la direction de Québecor, est très fier, insiste-t-il dans un communiqué de presse, de rap-

1. Pierre Vadeboncoeur, *En quelques traits,* Montréal, Lux, 2014, p. 42.

peler à notre mémoire la « fougue » de « ces jeunes » déterminés « à imaginer une société plus libre et ouverte ». Tout comme il est fier de diriger le journal où Mathieu Bock-Côté – autre jeune fougueux – signe des chroniques qui, à leur façon, procèdent aussi de l'automatisme.

C'est un fait remarquable de l'époque, observable du Brésil à la Russie, de l'Amérique à l'Europe, que les grandes fortunes investissent massivement dans la diffusion militante de la colère, de l'opinion et du populisme. Et nous sommes nombreux à douter que cette fougue, usinée par des entreprises cotées en Bourse, ait quoi que ce soit de vrai dans son rapport à la vérité. Mais une chose est certaine : dans le grand tumulte de l'époque, les plaidoyers pour la liberté de la société se confondent de plus en plus avec les revendications de liberté pour les entreprises (les sociétés). Il ne faut donc pas s'étonner que dans un tel monde, le *Refus* appartienne à Québecor.

La saucisse de Francfort

D'où vient cet invincible besoin de verbiage ? La question me tourmentait pendant que j'écoutais Slavoj Žižek pérorer. Je n'ai jamais lu un seul livre de ce philosophe slovène qui a accompli la prouesse de se hisser au rang de vedette internationale en se réclamant de Hegel, Marx et Lacan. Quand je poursuivais mes études doctorales, ses ouvrages étaient attendus, discutés, objets d'une intense affection de la part des universitaires, et pourtant, ils me laissaient indifférent. Je n'éprouvais ni amour ni haine à son égard. Je réfléchissais ailleurs, en compagnie d'autres auteurs, voilà tout. On se trouvait donc en paix, Slavoj et moi, du moins jusqu'à ce qu'il interrompe un de mes rendez-vous à la Foire du livre de Francfort. Là, je peux dire qu'il m'a ennuyé. Prodigieusement. Je regrettais amèrement, à l'entendre, qu'il n'ait pas fait sienne la sagesse de l'écrivain Eduardo Galeano, qui savait, lui, que « les seuls mots qui méritent d'exister sont ceux qui sont meilleurs que le silence[1] ».

---

1. Eduardo Galeano, *Chasseur d'histoires*, Montréal, Lux, coll. « Orphée », 2015, p. 250.

C'est un éditeur, qui devait se joindre à nous après avoir accompagné Žižek je ne sais où, qui a eu la mauvaise idée de nous le présenter. Cette marque de politesse est chose courante dans ces foires, et il est entendu de tous qu'elle ne dure que le temps d'une poignée de main, surtout si une discussion d'affaires est en cours. Žižek, malheureusement, en a décidé autrement. À peine avions-nous dit nos noms qu'il s'est lancé dans un discours sans commencement ni fin, sans queue ni tête, sans sujet ni objet. Ce petit homme, cerné, échevelé, édenté et ventripotent, s'agitait inexorablement sous nos yeux. On eût dit que son corps entier n'était qu'un réseau de tics nerveux, que son âme, possédée d'une force mystérieuse, contractait son organisme pour en extraire des sons. Jaillissait de lui un trop-plein de paroles. Nous, nous étions tels des Pompéiens surpris par l'éruption, privés de position de repli, pétrifiés d'effroi et de lave.

On a eu droit, en vrac, à un exposé sur la méthode la plus efficace pour massacrer une population civile, suivi d'une élégante comparaison des perversions sexuelles d'Atatürk et de Tito, puis, informé que ma collègue et moi venions de Montréal, Žižek nous a fait goûter une critique inédite de Toronto – cette ville serait ennuyeuse... bigre ! –, ce qui l'a amené, sans que l'on sache trop pourquoi, à nous parler des Indiens d'Amérique qui, semble-t-il, n'aiment pas qu'on les appelle « Autochtones » (*Natives*), et, de là, il s'est mis à railler le moralisme multiculturel, *and so on and so forth,* sniff, sniff (la bête renifle sans cesse). La représentante de la maison d'édition allemande, qui n'avait que trente minutes à nous accorder, rageait en voyant le temps s'écouler en pure perte.

Elle n'était pas au bout de ses peines, car à la vingtième minute du *Žižek Show,* celui-ci s'est tourné vers elle pour lui demander si son nom de famille était guinéen. La femme, qui parle un français et un allemand impeccables, n'avait manifestement jamais vécu en Afrique (ou très peu), mais son nom était bel et bien guinéen. Il n'en fallut pas plus pour que notre orateur se lance dans un éloge de la beauté des hommes mandingues – « Ils sont plus beaux que les Sud-Africains, vous ne trouvez pas ? » demanda-t-il à la femme, interloquée par tant d'offensante inanité. Avec tout le sérieux du monde, il a enchaîné en nous révélant l'existence d'une communauté noire du Brésil dont les hommes auraient des pénis surdimensionnés, au point d'être incapables d'érection. Une douce victoire pour les hommes blancs dont l'humilité du sexe n'affecte jamais la virilité, s'est enthousiasmé notre lacanien de gauche. Puisqu'il ne restait que quatre minutes avant la fin de notre rendez-vous et que Žižek semblait en avoir terminé avec sa prestation, je me suis gardé de lui demander par quel miracle darwinien cette communauté d'hommes impotents avait bien pu se reproduire. La poussée était finie, il fallait à tout prix éviter de remettre de l'eau sur le Gremlin. Redevenu calme, le penseur nous a salués et a poursuivi son chemin comme il avait discouru, sans se soucier de nous, ni du monde, ni même de lui, peut-être. L'éditeur qui l'avait amené à notre table, sans que l'on ne sache trop s'il s'agissait là d'une excuse ou d'une critique assassine, nous confia que l'on comprenait mieux les livres de Žižek après l'avoir entendu parler de la sorte.

Depuis que je m'administre de manière quotidienne la prose de Mathieu Bock-Côté, je sais que la parole publique se dégrade parfois en une logorrhée – un trouble du langage caractérisé par un abondant flot de paroles qu'un esprit mené par des idées fixes débite rapidement sur de longues périodes. Je connais également d'expérience les raideurs syntaxiques et théoriques ainsi que la passion des clichés qui transforment trop souvent le discours d'une gauche en crise de psittacisme – la répétition mécanique (comme par un perroquet) de phrases que la personne qui les énonce ne comprend pas. Je suis depuis longtemps convaincu que, perdus dans les ramifications de leur subjectivité, les universitaires pâtissent d'un trop-plein de mots, et que leur langage, affecté par une production inflationniste de concepts, perd sans cesse de sa valeur. Žižek me révélait maintenant l'existence d'une variante intellectuelle du syndrome Gilles de la Tourette – le sujet qui en est atteint enfile trois ou quatre idées, puis deux grossièretés.

Cet inventaire des formes de la communication vide me ramène à mon interrogation de départ: d'où vient cette impérieuse pulsion vers le verbiage ? Bien sûr, parler pour ne rien dire est une des prérogatives de l'ordre des relations humaines, autrement, on ne saurait jamais quel temps il fait, et la langue strictement fonctionnelle est vitale (« passe-moi le sel »). Et certes, le génie poétique peut s'inventer une langue intraduisible, c'était par exemple l'ambition de Claude Gauvreau. Mais l'esprit public exige autre chose que du commentaire, des harangues, de la communication, et il ne peut pas permettre que l'on asservisse le sens à la quête désespérée de l'effet. Le langage, disait Durkheim, est l'armature interne de la pensée, et il est aussi ce qui permet de traduire celle-ci au-dehors de nous. Il m'apparaît suicidaire de le libérer de cette contrainte, son devoir suprême. On s'inquiète, non sans raison, de la prolifération des fausses nouvelles depuis l'élection de Donald Trump. Peut-être devrait-on s'alarmer davantage de la fragilité des mots dans une époque où la réalité semble aspirée par les discours. Je suis affolé par la raréfaction de la parole ancrée dans une réalité qui nous ramène collectivement à nous-mêmes. On ne pourra pas éternellement tourner les mots du monde contre le monde sans en payer lourdement le prix.

On assiste aux États-Unis à une explosion des ventes des livres de Hannah Arendt sur le totalitarisme et du célèbre roman de George Orwell, *1984*. Les Américains sentent que leur langage public leur bloque désormais l'accès à la réalité, et ils ont compris que c'est une situation qui ressemble à celle des sociétés totalitaires. Hitler, avec ses bruits de bottes, son archaïsme pseudo-médiéval, ne cogne pas à nos portes, pas plus que Staline, mais le monde contemporain n'est pas à l'abri des dérèglements spirituels qui ont affecté l'humanité au siècle dernier. Rien n'indique, de plus, que les conséquences d'un tel dérèglement ne seront pas tout aussi terrifiantes que les années 1930. Il n'est donc pas sot de se tourner vers Arendt pour comprendre. Dans la même veine, je lis *LTI, la langue du IIIe Reich,* du philosophe Victor Klemperer, une étude minutieuse de la langue et de la culture de l'Allemagne hitlérienne. La singularité de ce livre, c'est qu'il est aussi le journal intime de l'auteur, un Juif allemand qui a pu rester en Allemagne et survivre au nazisme parce qu'il avait épousé une Aryenne. Victor Klemperer accomplissait un acte de résistance, et de survie morale, en écrivant son journal, dont la saisie par la Gestapo aurait signé son arrêt de mort. En l'écrivant, il échappait à son statut de victime, mettait à distance sa souffrance, dont il observait avec rigueur et minutie la réalité et les causes, de sorte que son livre donne à voir la vie quotidienne en Allemagne sous un jour cru, vif, saisissant. Ce petit ouvrage est une formidable analyse d'une langue médiocre, mécanique, perverse, composée d'injonctions, de clichés, de slogans, et qu'on trouverait franchement ridicule si elle n'avait eu des conséquences aussi terriblement meurtrières. Un langage, résume Klemperer, qui « poétise et pense à ta place », où « tout est discours et tout est publicité[2] ».

---

2. Victor Klemperer, *LTI, le langage du IIIe Reich,* Paris, Albin Michel, 1996, p. 54 et 47.

Comment ne pas penser que l'extension de l'empire du verbiage ne nous mène pas précisément vers ce côté obscur de nous-mêmes ?

Herr Clausen

Le septuagénaire assis devant moi à la table d'une brasserie agitait lestement son corps immense, au gré des élans de son propos. Adolescent, Lars Clausen avait-il été un géant désarticulé comme le sont parfois les jeunes qui poussent trop vite ? Je me posais la question tout en l'écoutant raconter fébrilement l'histoire du Département de sociologie de l'université de Kiel, dont il était le directeur. Il riait, s'emportait, s'enthousiasmait ; il me faisait une fête pour cette première rencontre, ce qui n'avait pas été gagné d'avance, car six mois plus tôt, lorsque je lui avais demandé par écrit de m'accueillir dans son groupe de recherche, il m'avait sèchement répondu « non ». Pas le temps. Trop compliqué. Allez vous faire voir ailleurs ! Au bout du compte et contre toute attente, j'avais fini par le convaincre de m'intégrer à la Ferdinand-Tönnies Gesellschaft, non sans conserver, héritée de notre premier échange épistolaire, la crainte du jour où je ferais sa connaissance en chair et en os. Ce professeur théâtral et amène, je l'avais maintenant sous les yeux. Il avait tôt fait de me rassurer quant à son caractère. Je n'avais pas lu Rabelais, mais je pensais à Gargantua en observant cette masse joyeuse et agile boire sa bière, crever l'œuf au plat posé sur son escalope de veau panée, avaler de grosses bouchées, pourlécher le jaune d'œuf qui coulait sur ses lèvres, tout ça en discourant sur la sociologie, l'Allemagne et l'histoire, la grande et la petite, celle de l'humanité et la sienne, ces récits se fondant l'un dans l'autre.

Par politesse, je suppose, il m'a interrogé sur le Québec. Nous étions en octobre 2001, six ans après le référendum de 1995, et un mois à peine après l'attentat du World Trade Center à New York. Les villes allemandes, du moins celles où je me trouvais, Hambourg et Kiel, étaient tapissées d'affichettes qui criaient à la face du monde: «*Amerikaner wir sind bei euch!*» (Américains, nous sommes avec vous). Cet élan de solidarité se trouvait justifié d'un étonnant rappel: «Les Allemands seront éternellement redevables aux États-Unis de les avoir libérés de la tyrannie en 1945.» L'histoire se réécrit selon les besoins du moment, car, le moins que l'on puisse dire, c'est que les Allemands ont vigoureusement résisté à leur libération. C'est dans ce contexte géopolitique qu'à la demande de Herr Clausen, j'ai raconté l'histoire du curieux petit peuple francophone du nord de l'Amérique qui avait, par deux fois, refusé son indépendance – ce que d'aucuns considèrent être un déconcertant rejet de la liberté politique. Dans un allemand approximatif, j'ai tenté de lui exposer les tensions historiques entre les anglophones et les francophones du Canada, les aspirations du Québec, les malentendus qui constituent les fondements de la fédération canadienne.

À mesure que je parlais, Herr Clausen a cessé de sourire. Sur le coup, j'ai cru que c'était mon discours décousu ponctué de dissonances qui heurtait ses sens. Je me trompais. C'était plutôt le nationalisme que je manifestais qui écorchait sa raison. Il n'en concevait pas la nécessité. Il y avait, à ses yeux, une excellence dans le régime politique fédéral, en comparaison de laquelle les aspirations à la souveraineté que j'énonçais paraissaient vaines et obsolètes. Mes parades, apprises pour croiser le fer avec des fédéralistes de Montréal, demeuraient sans effet. Il les esquivait facilement, sans cesser de savourer lentement sa bière. Mes coups d'épée fendaient l'air, ce qui ajoutait au ridicule de mes phrases maladroites. Dépourvu d'éloquence, incapable de marquer un point contre mon interlocuteur, je bouillais intérieurement.

Voyant mon désarroi, Herr Clausen eut un élan de sympathie et, même si nous nous connaissions depuis moins d'une heure, il m'honora d'une confidence. « Il faut me comprendre, me dit-il, j'ai connu le nazisme, et pour moi, l'identification émotive à la nation, entendue comme ciment ultime d'une société, le nationalisme, cela restera à tout jamais entaché par cette expérience. » Mais cela n'a rien à voir avec le Québec, qu'une proverbiale modestie protège d'un tel délire de puissance, objectai-je. Il me le concéda sans pour autant revenir sur sa position.

À 9 ans, en pleine guerre, le petit Lars a traversé toute la Poméranie à pied, fuyant l'Armée rouge. Sa famille s'est réfugiée à Hambourg, et c'est dans le ciel de cette ville que son père, pilote de chasse dans la Luftwaffe, a été abattu, peu de temps après, en 1945. La ville n'avait rien d'un refuge, c'est à peine si on pouvait y trouver un abri solide, Hambourg ayant été réduite en cendres en 1943 par de terribles bombardements aériens. Un anéantissement à coups de bombes incendiaires que l'écrivain W.G. Sebald décrit de manière saisissante : « [L]e feu qui montait [...] à deux mille mètres dans le ciel aspirait l'oxygène avec une telle puissance que l'air déplacé avait la force d'un ouragan et bruissait comme de gigantesques orgues dont on aurait simultanément actionné tous les registres[1]. » De petites bombes fracassèrent dans un premier temps fenêtres et portes, d'autres, plus grosses, portèrent le feu dans les greniers, puis des charges énormes pénétrèrent dans les sous-sols. Des flammes jaillissaient des immeubles et « se répandaient dans les rues comme un raz-de-marée à une vitesse de 150 kilomètres-heure », et « ceux qui avaient fui leurs refuges s'enfonçaient, avec des contorsions grotesques, dans l'asphalte fondu qui éclatait en grosses bulles[2] ».

---

1. W.G. Sebald, *De la destruction comme élément de l'histoire naturelle,* Arles, Acte Sud, coll. « Lettres allemandes », 2004, p. 37.

2. *Ibid.*, p. 38.

Pire que le souvenir de ces terribles destructions physiques, il y a celui de l'annihilation morale. Comment a-t-on pu, si aisément, confondre l'amour de son pays avec la haine de l'autre ? Le nazisme a donné à de nombreux Allemands le sentiment d'être à nouveau membres d'une nation puissante. Ceux-ci ont trouvé dans cet orgueil national le ressort d'une fierté personnelle renouvelée. Le nazisme, pourtant, tenait un discours martial, de haine, de meurtre, il poursuivait un programme de destruction systématique de la dignité que la modernité libérale conférait à la personne. Mais il était possible de considérer ces violences comme un moindre mal. Le voisin a disparu ? N'était-il pas communiste ? Un importun ? On ne fait pas d'omelette sans casser des œufs ! L'Allemand moyen s'accommodait assez facilement de toute la haine proférée, il suffisait de la voir comme un excès de langage. Des bêtises. Il était alors facile de vaquer à ses occupations avec droiture, l'âme en paix, de ne pas voir que cette grandeur dont on s'enorgueillissait était en réalité de la brutalité. C'est ce que Arendt a appelé la « banalité du mal », laquelle se loge dans le vide de la pensée, précisait-elle. Dans une conférence donnée en 1936 à Vienne, Robert Musil a expliqué ainsi ce phénomène d'aveuglement volontaire : « Si la bêtise ne ressemblait pas à s'y méprendre au progrès, au talent, à l'espoir ou au perfectionnement, personne ne voudrait être bête[3]. »

---

3. Robert Musil, *De la bêtise*, Paris, Allia, coll. « Petite collection », 2011, p. 36.

En Allemagne, Rosemarie Clausen, la mère de Lars, a été une grande photographe. Elle était réputée, après la guerre, pour ses portraits d'artistes – de Beckett, du mime Marcel Marceau, de Jean-Louis Barrault. Avec son appareil Exacta, elle cadrait ses modèles en plan serré, jouant habilement avec les ombres pour donner aux visages des allures de masques. Mais sous le régime nazi, elle a mis son talent pour les portraits au service de la propagande du Parti, contribuant en outre à la fabrication du personnage de la femme allemande, mère de famille, nourrice des fils de la nation, blonds et costauds. Elle a photographié Hermann Goering, ministre de l'Aviation du Reich, tenant un bébé dans ses bras lors du baptême d'un jeune Aryen. Elle a aussi fait des reportages sur les autoroutes que le Führer construisait pour l'Allemagne, lesquelles ont tellement plu aux Américains qu'ils en ont quadrillé leur pays à la fin de la guerre. J'ignore quelles étaient les motivations profondes de Rosemarie Clausen. La prudence devant un régime répressif ? Une adhésion au nazisme ? De l'indifférence ? De la sottise ordinaire ? Peut-être s'est-elle défendue, après coup, de cet engagement. Peut-être même, qui sait, à la manière de Leni Riefenstahl, cinéaste de génie du régime et amie de Hitler, a-t-elle prétendu n'avoir eu aucune autre passion que celle de la beauté.

Susan Sontag, à ce propos, explique que le romantisme radical des nazis les poussait précisément à concevoir le politique comme une œuvre d'art. Le nazisme était habité du rêve dément que la société formerait un ensemble homogène dont aucune partie ne serait séparée de l'ensemble, que l'harmonie émanerait de la fusion des corps avec la communauté. Or, dans cette entreprise, les gens comme Riefenstahl ou l'architecte Albert Speer se sont avérés indispensables[4]. Combien de Rosemarie Clausen cette Allemagne a-t-elle comptées ? Beaucoup, assurément. On attendait bien plus qu'un travail de propagandistes de la part des artistes, bien plus que la simple production d'une image de la nation à l'usage du pouvoir. On exigeait d'eux qu'ils magnifient le fantasme d'une fusion immédiate, sensible, du corps et du pays, en une volonté de puissance unique, irréductible. Ces exigences, nouvelles, sans précédent à une telle échelle, ne sont bien entendu devenues visibles qu'après coup, et les artistes compromis dans ce délire ont pu faire valoir qu'au fond, ils ne savaient pas ce qu'ils faisaient.

Le rôle de sa mère pendant la guerre était flou, mais ce qui était très clair dans le récit de Herr Clausen, par contre, c'est qu'on ne sort pas indemne de l'expérience d'un régime dont la morale culmine dans l'injonction de tuer l'autre, et dont le nihilisme a entraîné la destruction de l'Europe. J'ai souvent vu des discussions sur le nationalisme déboucher sur de lamentables et absurdes références au fascisme ou au nazisme. Pierre Elliott

---

4. Susan Sontag, « Fascinating Fascism », *New York Review of Books,* 6 février 1975.

Trudeau était devenu un virtuose de ces raccourcis, peut-être parce qu'il regrettait de n'avoir pas compris la nature du nazisme quand il le fallait, comme l'ont montré ses biographes. En tant qu'étudiant en Allemagne, il me fallait tout de même, pour la première fois de ma vie, considérer l'argument avec sérieux. Le préambule de la constitution de la République fédérale d'Allemagne (RFA), instituée en 1949, proclame que le peuple allemand, « conscient de sa responsabilité devant Dieu et devant les hommes », était désormais « animé de la volonté de servir la paix du monde en qualité de membre égal en droits dans une Europe unie ». « L'Union européenne », « la responsabilité envers les hommes », « servir la paix », voilà l'éthos, je crois, auquel était fortement attachée la génération de Herr Clausen ; celui qu'il tenait à défendre devant moi.

*

* *

Dans son livre *Les Allemands,* le sociologue Norbert Elias explique que les sociétés modernes doivent sans cesse résoudre le problème que pose la cohabitation en elles de « deux codes moraux » : celui, humaniste, qui exige que l'on honore en chaque individu la liberté et la raison, et celui, politique, de l'État-nation qui exige une adhésion à la vie collective. Longtemps, observe Elias, « la tendance allemande consista [...] à souligner l'incompatibilité entre les deux codes. C'était soit l'un, soit l'autre[5] ». Ou pour le dire autrement : soit l'amour du « je », soit la passion du « nous ». Et c'est dans le raidissement de cette opposition, insiste Elias, que le terrible processus d'effondrement de la civilisation que fut le nazisme a pris racine. La tentation d'une telle raideur persiste dans nos sociétés, et l'identification trop rapide du totalitarisme à une malédiction monstrueuse nous tient dans l'oubli de cette vérité que le mal qui croît dans le creux de cette opposition revêt toujours des formes affreusement banales. Il devient ainsi très facile de ne pas voir ce danger.

L'historien Fritz Stern, Juif allemand exilé aux États-Unis, a consacré toute sa vie à cette question : qu'est-ce qui, de ce passé, refuse de mourir au présent[6] ? Le problème que pose la fragilité de la liberté, pour lui, comme pour Orwell, Arendt, Koestler et tant d'autres, est l'horizon indépassable de notre expérience politique. Ainsi, un socialiste anarchiste comme George Orwell mettait ses lecteurs en garde contre le culte du progrès que pratiquaient les plus optimistes parmi les Modernes. L'acheteur insatiable que fabrique la société de consommation, tout comme l'utopiste qui croit que la formidable

5. Norbert Elias, *Les Allemands,* Paris, Seuil, coll. « La librairie du XXIe siècle », 2017, p. 215.

6. Fritz Stern, *The Failure of Illiberalism: Essays on the Political Culture of Modern Germany,* New York, Columbia University Press, 1992.

plasticité de la nature humaine lui donne le droit de changer la vie, se bercent chacun à leur manière de l'illusion d'une infinie malléabilité du réel. C'est ce que Arendt a identifié comme étant la source des horreurs du stalinisme, qui pouvait effacer ou détruire toute réalité, au nom de la *transition* vers l'Éden communiste. Toutefois, il va sans dire que la méfiance des conservateurs envers l'optimisme des Modernes, avec leur foi en la raison, l'égalité et l'autonomie des consciences, est aussi grosse de périls. Les violences génocidaires du nazisme, soutient Arendt, loin d'être accidentelles, sont le point culminant d'un projet de destruction de la personne humaine ; la pointe extrême de la réaction à la modernité libérale.

Cette conscience aiguisée des dangers que suscite la fragilité de la liberté a amené Fritz Stern et Hannah Arendt à critiquer sévèrement les mouvements étudiants de la fin des années 1960. Ils avaient certes de la sympathie pour eux, mais leur exaltation de la subjectivité, leur relativisme radical et leurs raccourcis intellectuels leur rappelaient trop l'irrationalité militante de la jeunesse des années 1930. C'est animé du même esprit critique que Stern a signé, en 1988, une pétition publiée dans le *New York Times* avec 60 autres intellectuels de renom, pour dénoncer le dénigrement de l'expression « progressiste » (*liberal*) par les conservateurs américains. Comment Ronald Reagan et les siens pouvaient-ils tourner en ridicule ce mot, le transformer en une insulte ? Le progressisme, soutenait cette pétition, se trouve aux fondements de la démocratie moderne. N'est-il pas le nom d'un effort soutenu de démocratisation du social, de subordination effective des forces du capital aux formes concrètes de la solidarité, remèdes par excellence pour éviter que la civilisation ne se perde à nouveau dans ses extrêmes ? La pétition ne le mentionne pas, mais Stern aurait pu ajouter ces questions : n'a-t-il pas fallu 200 millions de morts pour prendre conscience de la nécessité d'un tel effort ? Veut-on vraiment savoir ce qu'il nous en coûtera de l'oublier à nouveau ?

Aujourd'hui, tous les signataires de cette lettre sont décédés. Herr Clausen est mort lui aussi. L'esprit de Reagan, pour sa part, est plus vivant que jamais. Chez nous, Mathieu Bock-Côté le ressuscite de sa plume chaque jour, répétant à qui veut l'entendre que le progressisme n'est plus que le nom d'une folie. Une démence qui travestit « son idéologie » en « savoir », et dont la morale « domine » l'Occident, l'affaiblit, l'avilit, la déshumanise, défigure son identité chrétienne. Le plus insupportable chez les progressistes, nous enseigne MBC, qui ne manque jamais d'humour, c'est cette manie qu'ils ont de disqualifier les conservateurs. Ces idiots hallucinent la montée d'un nationalisme autoritaire ou un retour du fascisme dès le moindre succès politique d'un mouvement de droite, soupire-t-il.

MBC s'inquiète beaucoup, mais il vit dans l'assurance sereine qu'un retour des années 1930 n'est pas à craindre. Qu'est-ce que cette « éternelle référence » au fascisme, écrit-il, sinon « une figure presque imposée de la rhétorique progressiste » ? Une retorse stratégie pour disqualifier le conservatisme par la criminalisation de ses idées, une instrumentalisation « de la mémoire du XXe siècle » dans le but inavouable de « mettre le progressisme à l'abri d'une critique qui examinerait ses fondements[7] ». Que nous enseignerait cet examen critique ? On vous le donne en mille : que cette idéologie de gauche est franchement à redouter, car elle est animée d'une dangereuse morale qui tend à museler toute opposition, suivant en cela une vieille tradition dont la pente naturelle est... la destruction de la démocratie.

Vous craignez la tyrannie ? Ignorez Trump, Orban, Poutine, les populismes de la droite radicale qui cumulent les victoires politiques réelles. Souciez-vous plutôt de ce que le philosophe et polémiste Alain Finkielkraut a vu sa conférence annulée dans une grande université française, en raison des protestations véhémentes d'une poignée d'étudiants radicaux. Craignez, honnêtes citoyens, ces excités qui, sur Facebook ou par téléphone, ont eu la très mauvaise idée de menacer de cribler de tomates la vitrine d'un libraire qui devait accueillir MBC pour une discussion. « Cette logique » de censure, exercée ici à l'encontre d'un chroniqueur en tournée de promotion, tenez-vous-le pour dit, « a conduit au totalitarisme »

7. Mathieu Bock-Côté, « L'éternelle référence aux années 1930 », *Le Figaro*, 9 novembre 2018.

au XXe siècle. Pourquoi craindre la peste brune quand on peut se satisfaire du péril rouge ?

On aura attendu trente ans pour qu'un conservateur québécois traduise et impose à la langue française les prothèses langagières de la droite américaine, pour qu'enfin nous puissions nous aussi lancer le mot « progressiste » comme un crachat. Preuve, s'il en fallait, que même lorsqu'il s'agit de le combattre, on n'arrête pas le progrès. La bêtise a sans doute toujours été une des armes de la tyrannie, et chaque jour nous donne un lot de bonnes raisons de la craindre, qu'elle soit de gauche ou de droite. On peut toujours se rassurer en rappelant qu'en Amérique, du moins, l'abaissement du niveau intellectuel et les dérives du conservatisme sont surtout le chemin le plus court vers de plus gros bénéfices pour ceux qui en font déjà beaucoup. En 1936, l'écrivain John Dos Passos pensait que les États-Unis avaient échappé au fascisme d'État parce que les fascistes américains ne s'intéressaient pas au pouvoir. La plupart d'entre eux, disait-il, sont des « hommes d'affaires, des marchands de mots » et « les mots qu'ils négocient ne signifient rien pour eux. Ce qui importe, c'est le fait de vendre[8] ». Noam Chomsky défend la même thèse pour l'Amérique de la fin du XXe siècle. « Les États-Unis, observait-il à la fin des années 1990, sont dans une humeur préfasciste et nous

8. Vladimir Pozner, *Les États-Désunis*, Montréal, Lux, 2009, coll. « Mémoire des Amériques », p. 134.

avons eu beaucoup de chance que tous les leaders qui se sont présentés aient été des escrocs [...]. Tout ce que veulent ces types, c'est de l'argent[9]. » La corruption, conclut Chomsky, « est une très bonne chose », car elle sape le pouvoir d'État et prémunit l'Amérique contre la tyrannie centralisée. Cette cupidité effrénée serait donc une vertu civique chez Reagan et ses épigones, qui satisfont leur volonté de puissance ailleurs que dans l'État, en entreprise, à la Bourse, dans de vastes organisations privées. Et c'est donc désormais du côté des grands systèmes impersonnels que le danger pousse le mieux.

9. Noam Chomsky, *Comprendre le pouvoir,* Montréal, Lux, coll. « Futur proche », 2008, p. 610.

Avertissement

11 novembre 2018 : marquons ce jour d'une croix blanche afin de ne jamais l'oublier. Pour la première fois depuis le mois de mai dernier, je lis un texte de Mathieu Bock-Côté qui m'apparaît juste. Une chronique qui rappelle l'absurdité de la Grande Guerre, cette boucherie industrielle qui a réduit l'homme à de la chair à canon, rendant toute forme de courage futile, voire suicidaire. MBC aurait pu préciser que cet avilissement, les ouvriers le vivaient en usine depuis longtemps, mais ne boudons pas notre plaisir et n'oublions pas qu'à notre époque de polarisation, le moindre accord est précieux.

L'année 2018 marque le centenaire de la fin de la Première Guerre mondiale, premier acte d'une guerre civile mondiale qui se poursuivra avec la Révolution russe, la crise de 1929, les terribles violences économiques des années 1930 et l'hécatombe de la Seconde Guerre mondiale. Il est difficile de tirer un bilan de cette dévastation, mais on peut dire sans hésiter que c'est pour échapper aux instabilités économiques, à l'origine de ces violences, qu'après 1945 les nations occidentales ont imposé des contraintes sévères au pouvoir du capital et ont créé la sécurité sociale. Ainsi, les signataires des accords de Bretton Woods, un pacte qui établissait en 1944 un nouvel ordre économique mondial un peu défavorable aux puissances de l'argent, ont trempé leur plume dans le sang de centaines de millions de morts. Une leçon de l'histoire que l'on semble perdre de vue de nos jours.

Je rends dans le texte qui suit un hommage à un vieil oncle, Henri Charlotin, qui a vécu tout cela et qui a parcouru le siècle dans la crainte que ce monstre auquel il avait réussi à survivre ne vienne le hanter à nouveau.

Le casque de Henri

L'ennemi a décidé d'en finir par une ruée colossale contre notre pays. Son but final est de nous briser définitivement, de nous anéantir, pour nous imposer en plein XXe *siècle une paix d'esclavage, pire, dans son organisation scientifique dévoyée, que celles des époques les plus sombres de l'humanité.*

Général commandant Messimy,
ordre général n° 104, juillet 1918

Je n'ai pas souvenir de m'être intéressé aux adultes quand j'étais enfant, mais j'aimais beaucoup l'oncle Henri, qui habitait au bout de ma rue. Longtemps, j'ai cru qu'il formait un trait d'union entre moi et le XIXe siècle, puisqu'il était né en Bretagne, en 1897. Henri Charlotin aiguillonnait mon imagination. Il avait été soldat pendant la Première Guerre mondiale, « trois ans et vingt et un jours à payer l'impôt du sang », me répétait-il souvent, et, à ses côtés, je m'estimais en contact avec cette expérience. Je caressais ainsi l'espoir un peu fou de comprendre l'histoire, la grande, celle des charges de cavalerie, des combats héroïques, des machines d'acier et de fer aux formes parfois curieuses, celle où s'activent des généraux aux habits colorés, des rois prussiens aux grosses moustaches, mais aussi des paysans bretons aux sabots de bois, des bourgeois parisiens distingués et des soldats de cette Europe de l'Est d'où m'étaient parvenus des contes fascinants.

J'appelle Henri Charlotin « mon oncle », mais, en réalité, c'était l'oncle de mon grand-père. Après sa démobilisation, dégoûté de l'Europe et de ses querelles sanglantes, il s'était exilé en Amérique. En 1924, quatre ans après son arrivée à Québec, il avait épousé une vieille fille de 40 ans, lui qui n'en avait que 27, ce qui avait provoqué un certain émoi. À l'époque, au Canada, les filles de plus de 25 ans qui n'étaient pas mariées tombaient sous la protection de sainte Catherine, patronne des célibataires, et se consolaient en mangeant des bonbons à la mélasse. Ce Breton surgi de nulle part avait bouleversé la trajectoire prévisible de la vie de cette femme, morte l'année de ma naissance. Auréa Barry était la sœur de mon arrière-grand-mère.

Par convention, tout le monde dans la famille l'appelait « oncle Henri », et cette habitude me paraissait d'autant plus évidente qu'il était notre voisin à Sainte-Foy. Ce coin de la paroisse Saint-Louis-France, où je suis né, avait vu le jour dans les années 1960. Le quartier était jeune. Seul le pont de Québec avait un passé, et encore, il n'avait pas 100 ans. Tout le reste était neuf, les maisons, les automobiles, les écoles, les jardins, même les familles. Henri, lui, avait toujours été vieux. Sur sa rue, on ne l'avait pas connu autrement qu'usé, la peau jaunie et tachetée, le dos légèrement voûté, seul membre de son groupe d'âge dans cet univers résolument tourné vers l'avenir, puisque sans passé. Du printemps à la fin de l'automne, le vieil homme parcourait lentement les rues, s'aidant d'une canne, s'immisçant dans les jardins pour enlever quelques mauvaises herbes dans les parterres – il me reprochait parfois au passage de laisser le chiendent envahir les fleurs du petit jardin de ma mère. Dans le sous-bois qui se trouvait derrière ma rue, selon la saison, il allait cueillir champignons et têtes de violons.

Le croiser lors d'une de ses promenades était dangereux pour les enfants du quartier. Il nous saisissait alors par le bras et, lorsque notre main était également accrochée à la sienne, nous n'avions plus de position de repli possible. Il approchait son visage du nôtre pour mieux nous voir, puis il nous hurlait dessus, comme le font les sourds. Nous devenions ses prisonniers, condamnés à écouter une de ses leçons de morale entrecoupées de bonnes paroles sur la jeunesse, sa vigueur, sa beauté, et que sais-je encore. Il n'était jamais à court de mots, ce qui était fâcheux, mais pas autant que l'abondance de sa salive, source inépuisable de postillons qu'il nous envoyait au visage. La sagesse de Henri était vaine et sans utilité, ses leçons de morale ne correspondaient à rien qui nous soit connu, mais il était si heureux de nous voir que nous l'écoutions poliment. Il fuyait la solitude qui afflige souvent la vieillesse, et peut-être luttait-il aussi contre l'extrême tranquillité de la vie de banlieue.

Henri Charlotin a déménagé à Sainte-Foy après avoir été exproprié du faubourg Saint-Louis, rayé de la carte par l'expansion de la cité administrative autour du parlement. L'État a mangé le faubourg Saint-Louis pour y installer sa bureaucratie dans les années 1960. À cette époque, il habitait la rue Scott, qui partait de la Grande Allée pour aboutir au bas d'une pente abrupte à l'église Saint-Jean-Baptiste. Sa maison longeait ce qui est aujourd'hui le parc de l'Amérique-française, mais qui fut longtemps un stationnement poussiéreux et morne. L'oncle Henri soutenait « ne s'être jamais consolé » de ce déménagement forcé.

Il y a toujours eu un hiatus entre mon quartier de Sainte-Foy et Henri Charlotin. Les lotissements de la banlieue, bordés d'une haie ou d'une clôture, formaient des îlots où chaque famille vivait sa robinsonnade. La civilisation débutait à l'orée des terrains, avec les rues, ces raccords connectés au vaste lacis de tuyaux où circulaient les salariés pour aller et venir du travail. Dans leurs jardins, la plupart des familles n'avaient laissé qu'un ou deux arbres. Pas Henri, dont la maison était blottie à l'ombre de chênes et d'érables d'âge mûr, survivants du développement urbain. Mon oncle voyait un paysage et la nature là où ses voisins ne percevaient qu'un espace et des fonctions. Nous habitions le même lieu, lui et moi, à cette différence que j'étais en Amérique, tandis que lui, il vivait toujours un peu en Bretagne – « un paradis en miniature », disait-il en évoquant les vergers de son grand-père, les ruches, les prairies, les pins géants, « toute cette nature qui nous entourait et qui m'émerveillait ». Le lieu de son enfance, il le retrouvait dans la moindre parcelle de nature.

Je me souviens qu'il regrettait les chevreuils qui fréquentaient encore le quartier à son arrivée. Il faut dire qu'une fois les rues finies, les bungalows vendus, les voisins emménagés, grâce à des opérations rondement menées, ces bêtes sauvages avaient vite dû céder leur place aux animaux domestiques, chiens, chats, canaris. Parmi ceux-ci, il y avait Coquette, le petit caniche gris et teigneux des filles jumelles d'oncle Henri, Marie-Jo et Henriette, que nous appelions en toute logique « les cousines ». L'oncle Henri habitait avec les cousines. Ces vieilles filles, transformées en servantes par leur père, déversaient leur trop-plein d'amour maternel sur Coquette qui, en retour, détestait les enfants. La chienne n'était pas dupe. D'instinct, elle se savait en concurrence avec les jeunes humains, et dès qu'on mettait le pied dans la maison des Charlotin, elle montrait les crocs. Coquette me terrorisait, mais elle avait raison de se méfier. Mes frères et moi, on se sentait chez nous, chez les cousines.

Henriette et Marie-Jo, bien que nées au Saguenay, passaient sans difficulté pour des Françaises. Marie-Jo avait étudié l'art culinaire dans une école parisienne, Le

Cordon bleu, et elle le transmettait à son tour dans les chroniques qu'elle signait dans le quotidien local ou en donnant des cours du soir à l'université. Sa spécialité était la pâtisserie – ses profiteroles étaient un délice et j'imagine que ce savoir-faire avait dû soutenir l'affection des frères Fortier pour la famille Charlotin. Marie-Jo était toute menue et il y avait un grain d'inquiétude dans son expression, de sorte qu'elle projetait l'image d'une femme que la moindre bourrasque pourrait emporter. Il lui manquait l'assurance qu'une émancipation de la tutelle paternelle lui aurait sans doute procurée. Mais elle avait en elle la force endurante et bornée de ceux qui ont l'habitude de servir. Elle ployait, sans jamais casser.

Henriette, c'était un autre genre. Bien qu'aussi petite que sa sœur, elle montrait beaucoup plus de détermination. Elle avait, en quelque sorte, pris la place du père. Henri Charlotin était venu en Amérique sur promesse de devenir frère eudiste et d'œuvrer dans un établissement d'enseignement, d'abord à Bathurst au Nouveau-Brunswick, ensuite à Charlesbourg, dans la région de Québec. Il avait rapidement troqué cette vocation pour une autre (qui est aussi un peu la mienne): les livres et le vin. Installé à Québec, il gagnait en effet sa vie en diffusant les principales maisons d'édition et les plus belles revues françaises à travers la province, ainsi qu'en vendant du vin qu'il importait d'Alsace. Après sa retraite, fin 1967, Henriette avait pris les rênes de la petite boîte de distribution. Elle était donc à la tête de l'économie domestique des Charlotin, tâche qui lui imposait un air décidé, parfois sévère. Ce rôle de composition, me semblait-il, servait tout autant à affronter la concurrence économique qu'à contenir des blessures et des renoncements trop douloureux pour être vaincus. Les femmes de cette génération avaient souvent deux visages. Le premier servait à nous maintenir dans l'ignorance du second, dont le dévoilement aurait mis à nu leur essence désolée. C'est une vérité dont j'ai eu l'intuition très jeune, mais que je n'ai comprise que des années plus tard, si tant est que je l'aie comprise.

La maison des Charlotin possédait également deux faces. De l'extérieur, elle se fondait dans le décor. On trouvait un *split-level* identique, cinq ou six pâtés de maisons plus à l'est. Mais sitôt qu'on triomphait des assauts haineux de Coquette et qu'on franchissait la porte d'entrée, tout devenait singulier. Une vieille horloge grand-père, austère et solennelle nous accueillait sur notre gauche, des médailles militaires étaient accrochées au mur dans le salon, la tapisserie, les armoires, un landau alsacien du XIXe siècle, une table en bois massif, jusqu'au soufflet, en cuir rouge et en fer forgé pendu à la cheminée, tout dans ce mobilier rappelait un autre temps et un autre espace. Cette maison, c'était un fragment de la Troisième République qui avait échappé à son extinction dans un pli de l'Amérique du Nord, comme ce pin Wollemi qu'on croyait disparu depuis des millions d'années, mais qui a survécu caché dans le creux d'une vallée perdue de l'Australie.

Henri, vétéran de la Première Guerre mondiale, décoré de la Légion d'honneur, recevait régulièrement les hommages des dignitaires français de passage à Québec. On croisait de temps à autre le consul de France dans le salon des Charlotin, puis leurs amis, dont un amiral de la Marine française, cultivé et sensible, curieusement antimilitariste, et un curé iconoclaste, Pierre Talec, qui a fait quelques remous à Paris dans les années 1970 avec ses prises de position théologiques. Il avait écrit un livre pour enfants qu'on n'avait pas manqué de me donner, dédicacé – *Dis-moi, Denys, qu'est-ce que ça a fait à Dieu que j'existe?* Dans ce salon, la discussion s'animait autour des thèmes de la guerre, de la bouffe, du vin, et l'élection de François Mitterrand y suscitait plus d'émois que celle de René Lévesque. Diplomates, officiers et curés mettaient en scène les mœurs stupéfiantes d'une tribu unique au monde: la bourgeoisie française. Ce qui frappait, chez cette peuplade, c'est que sa fidélité au modèle qu'elle reproduisait, son conformisme, s'accompagnait de l'obligation pour chacun de se distinguer par sa culture, de manifester sa libre individualité en prenant ses distances avec le seul ordre où il se reconnaissait. Avoir de l'esprit même si on en est dépourvu était vital pour ces gens chez qui la critique était une seconde nature. Ces habitudes, si étrangères au prosaïque éthos nord-américain, passaient pour du snobisme dans le quartier. Elles exerçaient néanmoins sur moi une certaine force d'attraction, indéfinissable.

L'atmosphère de cette maison était vraiment formidable. Dans ses moindres détails. Au sous-sol, où Henriette avait installé les bureaux de la compagnie de diffusion, m'attendaient des revues françaises et belges, dont la collection entière du journal *Spirou*. Je passais des heures à les feuilleter. J'admirais également les deux tomes d'un immense livre illustré publié en 1920, qui rappelait les exploits de l'armée française culminant avec la victoire de 1918. L'ouvrage magnifiait la guerre. Il donnait l'impression que les généraux qui composaient les tableaux de batailles se livraient à un art dit « militaire ». Cette boucherie, devait-on croire, procédait d'une forme savante et élaborée, d'une idée. On racontait une fable sans commune mesure avec la réalité de la guerre de tranchées, brutale, sale, improvisée, une invraisemblable pagaille, mais c'était moins le texte que les fabuleux dessins d'époque qui retenaient mon attention. Des planches immenses où l'on voyait notamment des zeppelins en flammes, ce qui m'apparaissait être ce qu'il y avait de plus extraordinaire au monde.

Mes explorations convergeaient toujours vers un dernier objet : le casque Adrian de Henri. Celui qu'il avait porté dans les tranchées, couché sur le sol crayeux ou avalé par la boue ; une protection ridicule contre les tirs de mortiers, les grenades, les obus, les balles, les orages d'acier, la grêle de plombs, les nuées de gaz. Cette pièce de métal, inspirée de la bourguignotte du Moyen Âge, a été conçue dans l'urgence lorsque des millions de soldats se sont trouvés engagés dans la guerre des tranchées et que les blessures à la tête sont devenues la principale cause de mise hors de combat, car l'objet protégeait au moins contre une menace, et non la moindre : les débris que projetaient les obus lorsqu'ils labouraient le sol pour y semer la mort. Ne pourrait-on pas dire que cette réapparition d'une pièce d'équipement médiéval, en plein XXe siècle, présageait un curieux virage dans les valeurs ? N'était-ce pas là l'augure d'un échec fracassant, celui des aspirations révolutionnaires que la modernité libérale avait opposées au monde féodal ? Bien sûr, la société n'échapperait plus à la loi du progrès, mais le progrès peut revêtir plusieurs significations, et, à partir de 1914, on commençait à douter qu'il signifiât que l'humanité marchait irrémédiablement à la rencontre d'elle-même, comme on l'avait espéré depuis 1789. Le monde avançait désormais vers l'arrière, pour ainsi dire. Mais tout ça, je l'ignorais lorsque j'allais chercher le casque de Henri dans son sous-sol. L'objet me fascinait. J'avais le sentiment que les atomes de son acier trempé possédaient la faculté de faire revivre cette guerre, qu'en touchant ce qui avait été au contact de l'apocalypse, on en éprouverait la réalité crue.

Les Allemands avaient leur casque Stahlhem, robuste et efficace, rendu lugubre par les SS ; les Anglais, le casque Brodie, un banal bol renversé, qui avait l'avantage d'être usiné à partir d'une seule feuille de métal pressé, ce qui en facilitait la production ; le casque Adrian, du nom de l'intendant qui en avait passé la commande, était le plus élégant, à défaut d'être le meilleur. Il était constitué de cinq pièces : la bombe, la visière, la nuquière, le cimier et la coiffe en cuir. À l'avant de celui que portaient les hommes d'infanterie était agrafée une grenade surmontée d'une flamme, estampillée des initiales « RF » (République française). Celui de l'oncle Henri ayant vécu, il venait avec des bosses, un peu de rouille, et un teint verdâtre s'était substitué à la couleur bleu horizon d'origine.

Dans la rue, je fuyais l'oncle Henri et ses sermons, mais chez lui, à l'inverse, je cherchais sa compagnie. À côté de son mur de médailles, il était disposé à raconter sa jeunesse, nettement plus palpitante que ses leçons de morale. Je m'asseyais sur le canapé corbeille du salon, dont la forme légèrement cintrée et les moulures en bois sculptés de fleurs renforçaient mon sentiment que Raymond Poincaré était toujours président de la France. Henri prenait place dans son sofa, perpendiculaire au canapé et face à sa télévision (qui diffusait généralement *Des chiffres et des lettres*) ; à sa droite, déposés sur une table en bois, un cendrier, son tabac, sa pipe et son cure-pipe ; dans le fond de la pièce, Coquette était couchée dans son panier – nous nous guettions du coin de l'œil, méfiants. Henri avait un tic. À cause des gaz, il avait perdu la sensibilité de la peau, et se frottait donc en permanence le pouce et l'index, pour éprouver la sensation du toucher (ou pour éprouver l'absence de sensation). Il n'interrompait ce mouvement que pour bourrer et allumer sa pipe. J'adorais l'odeur sucrée de son tabac qui emplissait la pièce. Henri n'était pas un être d'exception. Il n'avait pas vécu entouré des personnages importants du siècle dernier. Ce n'était pas non plus un conteur fabuleux. Mais c'était un bien meilleur intermédiaire que le casque Adrian pour percer l'écorce qui enveloppe le passé.

*
* *

« La balle qui te tue, tu ne l'entends pas. Celle qui siffle, elle ne va pas te tuer car elle est derrière toi. Le projectile, vois-tu, est plus rapide que le son. » L'explication de l'oncle Henri, répétée mainte fois, était accompagnée du bruit des balles qui avaient eu l'heureuse idée de ne pas l'atteindre, celles qu'il avait entendues : ziiiiiii. Ses histoires étaient un festival d'onomatopées : crac-cratacrac... boum-boum... ziiiii... plop... tatacatacatatac... flac. Ça pétaradait. Ça crépitait. Ça détonait. Dans les tranchées, la vie du soldat est suspendue au bruit. Celui de la balle qui fend l'air ou celui, plus inquiétant, des tirs d'artillerie qui resserrent leur étau pour le faucher. « La canonnade », écrit Blaise Cendrars dans ses mémoires, « avait réellement l'ampleur, le grondement continu, le rythme éternel et sans cesse renouvelé, la respiration de l'océan ». La mort, ce maître absolu des lieux, annonçait sa présence d'un roulement fracassant qui saisissait d'effroi chaque soldat. Mais la souffrance et la peur sont le privilège des vivants. Aussi, le roulement et le ressac des combats, funeste vacarme, avaient quelque chose de rassurant. Ce que le soldat redoutait vraiment, c'était le silence.

Henri avait la mémoire trouée, ses souvenirs étaient lacunaires, ils allaient et venaient au gré d'on ne sait quelle fantaisie de son imagination. Il les livrait en pièces détachées, l'évocation d'un geste ramenait à la surface de sa conscience un chant breton, lequel provoquait l'envie de raconter une blague de tranchée, ce qui inévitablement nous menait à la décisive question du vin. L'armée française carburait au cidre et au vin, et inévitablement surgissait un tonneau ou une flasque d'eau-de-vie dans le propos décousu de l'oncle, toujours un peu cabotin. On réunissait une à une les pièces de ce casse-tête dont ni lui ni nous ne savions ce qu'il devait représenter.

Le *no man's land* qui séparait les tranchées ennemies était un paysage lunaire parsemé de trous d'obus et de forêts devenues de vieilles brosses usées. Après une bataille, pendant plusieurs jours, les gémissements des blessés qui agonisaient montaient du sol – personne n'osait les secourir de peur de se faire abattre à son tour. Les barbelés qui bordaient les lignes ressemblaient à des cordes à linge où séchaient des lambeaux de chairs, parfois même des membres entiers y restaient accrochés, projetés là au hasard des déflagrations. Quand Dieu se fâche, il y a des averses de grenouilles, quand les sociétés se dérèglent, il pleut des mains coupées. C'est dans ce décor qu'avait survécu Henri, mais il parlait rarement en détail de ces horreurs. « D'entendre les copains crier "Maman", en agonisant, c'était dur. » Voilà tout ce que Henri raconterait des souffrances humaines de cette barbarie industrielle. Il évoquait plus volontiers le vin, le cidre, les quignons de pain, les camarades, les petites joies qui aidaient à tenir le coup. Aux plus jeunes, à qui toute l'horreur dont sont capables les adultes doit être cachée, il racontait son histoire du chocolat.

— J'avais reçu un bout de chocolat, pas très gros. C'était l'automne, le froid et l'humidité traversaient mon linge...

— Tu étais au front ?

— Non. Je me trouvais à ce moment en troisième ligne, assez loin des zones de combat. Je voulais me réchauffer...

— Que faisais-tu en troisième ligne ?

— J'étais agent de liaison. Je communiquais les informations entre les premières lignes et l'arrière, en empruntant les boyaux qui reliaient les tranchées entre elles. Mais à ce moment, j'étais au repos. Il y avait un roulement constant entre les lignes. Ceux de l'avant passaient à l'arrière et vice versa. On m'avait relevé et j'étais à l'arrière pour quelque temps, c'était un peu mieux aménagé qu'en première ligne, mais à peine.

— C'était dangereux, agent de liaison ?

— Assez. Il fallait souvent se déplacer pendant des attaques, on s'exposait au feu quand tout le monde se terrait. Mais là, il n'y avait pas d'attaque ; j'avais conservé un morceau de chocolat, j'habitais un trou, aménagé à flanc de tranchée, pauvrement aménagé, je pataugeais dans la boue. Je gelais, je m'étais donc mis en tête de me cuisiner un chocolat chaud. Juste d'y penser, j'en avais l'eau à la bouche. C'était une fameuse idée que j'avais eue. Un chocolat chaud, le bonheur, quoi ! Mais je n'avais pas de gamelle. C'était embêtant. Alors, j'ai pris mon casque, j'ai enlevé la coiffe en cuir, j'ai mis de l'eau et le chocolat à l'intérieur, puis je l'ai déposé sur un petit feu que j'avais allumé. Doucement, j'ai touillé le chocolat qui fondait. Ça sentait bon. J'étais vraiment excité. J'ai ajouté un peu de sucre. Quand tout a été prêt, j'ai voulu boire mon chocolat. Mais le casque était bien trop chaud pour que je le prenne !

— Qu'est-ce que tu as fait ?

— Fallait pas que ça cuise trop, que l'eau s'évapore et que le chocolat colle au fond du casque ou brûle. Inquiet, j'ai précipité mes gestes, avec en tête cette envie pressante d'un chocolat chaud. J'avais froid dans ma chair, tu comprends ? Alors, pour le sortir du feu, comme un idiot, j'ai pris deux balles de fusil, comme ça (Henri mimait le geste des mains), puis j'ai enserré le casque pour le soulever.

Immanquablement, rendu à ce stade de l'anecdote, Henri riait.

— Tu vois la scène ? J'ai appuyé des douilles sur un casque chaud ! Ah ! la belle bêtise ! Arriva alors ce qui devait arriver : la poudre a chauffé, les balles ont explosé. Bang ! Elles sont passées à un centimètre de mes oreilles. Ça a fait « zwiiiiii », des deux côtés. « Zwiiiii... zwiiiii... » Très fort. Ça résonnait dans ma tête. J'ai failli me tuer, comme un imbécile... Tout le monde autour de moi s'entretuait par devoir, pour la patrie ; chaque jour, je risquais ma peau dans des combats, j'ai été blessé à la jambe, un éclat d'obus, mais c'est en cuisinant un chocolat chaud que je suis passé le plus près de crever. Ah ! C'est absurde. Les projectiles sont passés si près de mes oreilles, la détonation a été si forte, que j'en ai perdu l'ouïe pendant deux jours.

Ce fut le silence pour Henri, mais pas celui que craignait le soldat. Le liquide chaud coulait sur le sol boueux, « donnant à sa grisaille une teinte légèrement foncée », de préciser le vieillard. L'oncle Henri, cul par-dessus tête, regardait abasourdi cette terre gorgée d'eau et de sang avaler son réconfort, puis se transformer en cette satanée boue, ennemi des hommes en ces lieux.

*

* *

En 1914, des hommes nés au XIXe siècle ont été jetés en pâture à la froide colère du XXe siècle. Cette violence était une nouveauté, d'où leur stupeur. « On était morts de peur, oui », répétait sans cesse l'oncle Henri, qui se rappelait à quel point il avait été ridicule de penser qu'il ferait le brave sur les champs de bataille. « Je peux dire que d'une façon tangible j'ai été sauvé miraculeusement, et ça m'a marqué pour la vie », me confiera-t-il à 95 ans. « De façon tangible », comme s'il n'y croyait toujours pas, qu'il fallait encore qu'il se pince, se palpe pour s'assurer que sa vie n'avait pas été, au fond, qu'un rêve. On le comprend. En 1806, Napoléon a vaincu la Prusse à Iéna avec 1 500 salves d'artillerie. À la fin de la Première Guerre mondiale, la France produisait 200 000 obus par jour. Il ne saurait être question d'héroïsme sous un tel déluge de bombes, car la bravoure présuppose des individus qui possèdent la force d'agir sur le cours des choses. Le soldat de la Première Guerre mondiale agissait-il ? Il est permis d'en douter. Il n'était qu'un point en mouvement exposé à la mécanique complexe de la trajectoire des projectiles. Sa survie n'avait pas plus de sens que sa mort. Il n'était qu'une partie de la composante organique d'une guerre-usine, laquelle donnait par moment l'impression de n'avoir besoin de chair que pour maintenir vivante l'illusion que ce conflit appartenait au domaine de l'humanité. Rien n'était moins sûr.

L'oncle Henri, né en 1897, mort en 1999, a vécu sur presque trois siècles. Il aura connu le XXe siècle en entier. Il portait en lui la mémoire du feu, et il savait d'expérience que, confrontée à la puissance des machines modernes, l'humanité rétrécit. Il ne trouvait aucune consolation dans un monde indifférent à ce qui est vivant, il savait d'instinct la valeur des choses fragiles, et même s'il ne me l'a jamais dit explicitement, j'ai appris grâce à lui qu'il fallait se porter à la défense d'un monde dont on sait désormais qu'il suffira de bien peu pour que nos passions l'anéantissent.

L'oncle Henri est mort dans sa cent deuxième année. Tout son être était marqué au fer rouge par les monstres qui hantent nos civilisations, qui les rongent de leur haine, de leur ignorance, de leur ressentiment, ces fêlures que seule l'activité incessante de la vie, de l'intelligence, du souci de l'autre arrive à surmonter. Les dernières paroles sensées qu'il a articulées avant de sombrer définitivement dans l'inconscience ont résumé dans un cri sa vie et toute l'histoire du XXe siècle : « Sortez-moi de la boue ! »

Avertissement

Je suis terriblement déçu. On m'avait assuré que Mathieu Bock-Côté écrivait chaque année un texte sur la guerre contre Noël, pour sonner l'alarme et nous prévenir que la civilisation est poussée dans l'abîme par les forces obscurantistes de la gauche radicale, ennemies de l'héritage chrétien, lequel demeure le socle vital de l'identité occidentale. Malheureusement, ce texte n'est jamais arrivé. En fait, il ne l'a pas écrit depuis 2016, c'est dire à quel point on colporte toutes sortes de faussetés sur le compte de ce chroniqueur. N'allez pas croire pour autant que la civilisation est sauvée, puisque ce mois-ci seulement, MBC nous a mis en garde contre «la haine de soi [qui] pousse notre civilisation au suicide», qualifiant le temps présent de «plus stupide des époques», tout en poursuivant son bestiaire de «zoufs», «d'écologistes devenus fous», de féministes qui «culpabilisent le désir des hommes», et tutti quanti. *Nous ne sommes pas sortis de l'auberge. D'ailleurs, j'ai observé que depuis que j'ai commencé à lire*

MBC, en juin dernier, les jours raccourcissent. On m'assure qu'il s'agit là d'un phénomène astronomique, mais comment ne pas y voir le signe indubitable du déclin et de la chute de notre monde ? En tout cas, je constate que Le Journal de Montréal *et* Le Figaro *apportent chaque jour des preuves supplémentaires du crépuscule de notre civilisation. On y voit de moins en moins clair et j'espérais profiter de la chronique annuelle sur la guerre contre Noël pour illuminer mes jours. Elle n'est jamais venue, je n'ai pas lu MBC, mais comme j'avais une grosse semaine devant moi, j'ai écrit mon rapport d'étude en avance.*

Des preuves de l'existence du père Noël

Ce jour-là, Romane s'était disputée avec Asmaa, une copine de la garderie. Les fillettes n'avaient que 5 ou 6 ans, un âge où les conflits sont habituellement éphémères, à plus forte raison avec ma fille, qui n'a jamais eu une âme querelleuse. Cette fois, le désaccord avait été assez important pour que Romane m'en parle sur le chemin du retour. Je l'écoutais en roulant vers le nord de Montréal sur la rue Saint-Denis. La noirceur de décembre écrasait la ville, mais la neige qui scintillait dans la lumière de mes phares et les décorations du temps des Fêtes qui illuminaient la rue ajoutaient à cette nuit noire une touche de légèreté que je trouvais agréable. Tout le contraire de ce détestable mois de novembre, parenthèse ténébreuse et humide entre les couleurs de l'automne et la lumière vive de janvier. J'étais de belle humeur, assuré qu'aucun souci de la petite enfance n'était à mon épreuve. Je ne m'attendais évidemment pas à devoir affronter un problème théologique :

— Dis, papa, Dieu, c'est bien un personnage ?

— Euh... Oui, on peut dire ça. Un personnage que la société des hommes imagine pour se représenter la création du monde, pour établir ce qui est bien et ce qui est mal. C'est un personnage qui nous donne aussi à penser qu'il y a un sens et une vérité à la vie. Pourquoi me poses-tu cette question ?

— Asmaa, quand je lui ai dit que Dieu n'était qu'un personnage, elle n'était pas contente. Elle m'a répondu que je me trompais. Elle dit qu'il y a un Dieu. Qu'il n'a qu'à crier « sois ! » pour qu'une chose existe. Elle se trompe, c'est un personnage, Dieu. Comme dans les livres d'histoires. Non ?

— Ah ! Je vois. L'ennui, avec l'idée de Dieu, c'est qu'on ne peut prouver ni son existence ni son inexistence. Alors, les croyants, ceux qui sont dans une religion, qu'on le voie ou non, ça leur est égal. Il leur suffit d'y croire pour qu'il devienne réel. C'est compliqué tout cela. Disons que ta mère et moi, on ne pense pas qu'il y a un monsieur dans les cieux qui puisse faire des miracles et nous punir si on est trop méchant. Tu comprends ?

— Oui ! C'est ce que j'ai expliqué à Asmaa, Dieu, c'est un personnage. Ce n'est pas comme le père Noël, qui lui existe, tout le monde sait ça.

Sur le coup, cette conclusion inattendue m'a fait sourire, puis elle m'a lentement bouleversé. Elle me renvoyait une image trop nette de mon impiété. Le seul être surnaturel auquel croyait ma fille, c'était le père Noël. Le saint patron des centres commerciaux ! Devais-je m'en réjouir ? J'ai été élevé dans la foi chrétienne, dont j'ai reçu les premiers sacrements, j'ai eu des religieux comme enseignants, puis, devenu mécréant, j'ai lu, souvent avec plaisir, de la théologie. Encore aujourd'hui, le Dieu des philosophes ne m'indispose pas. En moi, le renoncement à la foi n'a jamais impliqué l'absence de la religion, dont je garde la mémoire des rites et le sens des interrogations. Chez ma fille, ce renoncement existait à l'état pur, et dans ses raisonnements enfantins, j'entrevoyais ce qu'il signifiait réellement. Je découvrais la curieuse alchimie à l'œuvre dans la transmission de nos valeurs. C'est là où les générations se touchent, là où elles sont le plus semblables, qu'elles s'éloignent les unes des autres.

Je me suis souvenu d'un sociologue, bûcheron à temps perdu, qui m'avait raconté avoir été profondément ému en voyant, en Égypte, le dessin d'une hache peint il y a trois mille ans. Cette hache était pareille à celle qu'il possédait. La courbure du manche était identique, elle évoquait le même élan, la même prise, la même intention, la même matière à fendre. C'est le geste, inchangé, qui a engendré l'outil, m'avait-il expliqué. Le sociologue se réjouissait de ce lien qui l'unissait aux paysans de l'ancienne Égypte, de cette intimité partagée à travers les âges, minuscule rappel de la communauté d'esprit qu'est l'humanité, par-delà ses turpitudes et ses déchirures.

Les pyramides, solides et immuables, l'avaient moins impressionné. Il y a des durées mortes et d'autres vivantes, et le geste est sans aucun doute un bon critère pour déterminer ce qui fait partie des premières.

Ainsi, sans l'acte, sans la pratique de la religion, Dieu ne pouvait exister aux yeux de Romane, contrairement au père Noël qui a pour lui toute la force que lui confèrent les habitudes collectives. Mais que celui-ci se soit substitué à la figure de Dieu dans la conscience de ma fille, n'était-ce pas là une preuve que notre culture succombe au vide du matérialisme américain, à ses mœurs bassement vénales ?

La fête de Noël a toujours suscité de vives polémiques. Staline et Hitler ont cherché à l'abolir, les puritains la trouvaient satanique, certains écolos y voient un instrument perfide de la société de consommation et une poignée de passionnés du neutre la trouvent trop lourde de sens pour ne pas la soupçonner d'offenser quelques minorités. En 1951, l'Église catholique française a voulu en finir avec le père Noël, trop païen pour ne pas être suspect. Les curés l'ont attaqué en chaire, des lettres de protestation ont été écrites dans les journaux, on a même brûlé son effigie devant la cathédrale de Dijon.

À l'occasion de cette dispute, Claude Lévi-Strauss a écrit un magnifique texte, *Le père Noël supplicié*[1], que je

1. Claude Lévi-Strauss, *Le père Noël supplicié,* Paris, Seuil, coll. « La librairie du XXIe siècle », 2016.

relis chaque année avec joie, dans lequel l'anthropologue se lance à la rescousse du bonhomme. En Amérique, le rituel de cette fête, observe-t-il, est absolument indissociable de celui d'Halloween. Les deux événements forment un tout. Ce sont deux fêtes de la noirceur, où les enfants somment les adultes de leur donner des présents. Le premier rite, à la fin du mois d'octobre, sert à calmer les morts, tandis que le second annonce le retour de la lumière, et avec elle le triomphe de la vie. L'enfant, dans le rituel, personnifie la mort, car la succession des générations nous pousse forcément vers la tombe ; le père Noël représente la vie, l'abondance ; l'ensemble du rite met en scène le lien fondamental qui existe entre le don (la dépense) et l'abondance. Claude Lévi-Strauss explique que si les adultes maintiennent les enfants dans la croyance de ce demi-dieu qu'est le père Noël, s'ils leur font croire que « leurs jouets viennent de l'au-delà », c'est que sous prétexte de les donner aux enfants, ils cèdent au secret mouvement de l'âme qui incite à faire des offrandes à l'au-delà. « Les cadeaux de Noël, conclut-il, restent un sacrifice véritable à la douceur de vivre, laquelle consiste d'abord à ne pas mourir. »

S'il était économiste en plus d'être une mascotte, le vieux bonhomme à barbe blanche serait keynésien, puisque son mythe met en scène ce que la prospérité doit à la dépense, voire à la destruction improductive des surplus dans la fête, la musique, l'art et le partage. C'est à coup sûr un ennemi de l'austérité économique personnifiée par Scrooge, cet être morbide, rongé par les passions de l'épargne (la forme idéale de Pierre-Yves McSween, en somme). Ce rituel, en ce sens, rappelle qu'au fondement de notre monde, de sa richesse infinie, de sa douceur, mais aussi de sa fragilité, il y a les gestes que l'on accomplit pour les autres, lesquels engagent ainsi toujours plus que nos proches. Le don est un Dieu qui sauve tout. Peut-être même la civilisation. C'est la grâce que je souhaite à MBC pour la nouvelle année.

Le centre commercial

À FORCE DE REGARDER Mathieu Bock-Côté voler allègrement d'un sujet sensible à l'autre, lâchant de-ci de-là des sentences et des slogans qui hébètent l'intelligence, je me prends pour un entomologiste, observateur méticuleux d'un spécimen rare, le « bourdon rhéteur d'Amérique ». À l'automne, après être allé butiner au Carrefour Laval, il a décrété que le Québec français n'y est qu'une « fiction charmante ». Bel effet de toge, énorme et sans appel. De ceux qui provoquent chez l'auditeur inquiet une envie irrépressible de juger et de condamner. En l'entendant, j'ai moi-même ressenti le besoin impérieux de punir quelqu'un, quelque chose, pour sauver ma culture. Ne sachant trop sur qui ou quoi me venger, j'ai essayé de mieux comprendre l'affirmation de MBC. Que voulait-il dire au juste ? Que toute la langue française est une fiction au Carrefour Laval ? Qu'une visite en ces lieux révèle que l'existence d'un Québec français est une légende ? C'est nébuleux.

À moins qu'il n'ait voulu nous prévenir que le Québec ne sera bientôt plus qu'un vaste Carrefour Laval, aussi bien dire une fiction ? Cette perspective – que le centre commercial puisse un jour envahir le pays en entier – me glace d'effroi.

J'ai toujours détesté les centres commerciaux. C'est viscéral. Quand j'étais enfant, ma mère devait m'y traîner de force pour m'acheter des vêtements et, dès qu'elle avait le malheur de me tourner le dos pour discuter avec un vendeur, je m'évadais. Ou bien je boudais. Si elle voulait me faire sourire dans ces circonstances pénibles, elle me racontait que dans sa jeunesse, il y avait une porcherie au lieu de cette horrible Place Sainte-Foy. Malheureusement, cette petite ironie de l'histoire ne changeait rien au fait qu'on ne pouvait désormais plus éviter les centres commerciaux dans ma ville. C'est que le gigantesque complexe qui allait de Place Laurier à Place Sainte-Foy était bien plus qu'un agglomérat de magasins. C'était l'espace public, le centre névralgique de cette banlieue de Québec. Adolescent, c'est là que j'étais obligé d'aller pour croiser les copains, glaner les dernières rumeurs, tuer le temps en flottant dans l'éther parfumé de l'apparence et de la consommation. Jamais je ne pardonnerai à Sainte-Foy et à Sillery de m'avoir contraint à passer mes jeudis et mes vendredis soir à chercher l'amour dans cet espace confiné planté de ficus et de palmiers en plastique, assourdi par le brouhaha des consommateurs fébriles, errant sous l'œil morne d'un marchand de casseroles et d'un vendeur de complets-veston.

C'est à un architecte autrichien, Victor Gruen, qu'on attribue l'invention du *mall*. Les amateurs de paradoxes sauront apprécier le fait que ce visionnaire souhaitait recréer l'agora des anciens Grecs sur le site d'une propriété privée destinée à engendrer de juteux profits. Victor Gruen n'est pas un personnage banal[1]. Cet intarissable causeur, petit, vif d'esprit, juif et socialiste se produisait à l'occasion dans les cafés et les cabarets satiriques de Vienne. Il a étudié l'architecture à l'Académie des beaux-arts de Vienne, l'école qui a refusé à deux reprises la candidature d'Adolf Hitler. Il a fui l'Autriche, déguisé en SS, après son annexion par les nazis en 1938 et il est arrivé à New York avec huit dollars et un diplôme d'architecture en poche, ne parlant pas un mot d'anglais. Heureusement, il a été accueilli et soutenu par un vaste réseau de réfugiés, dont Albert Einstein, qui lui a écrit une lettre de recommandation grâce à laquelle il a rapidement pu retomber sur ses pieds. Et comme Einstein s'en est voulu d'avoir soufflé à Roosevelt le projet de la bombe atomique, Gruen a amèrement regretté d'avoir dessiné le *mall*.

---

1. Il me faut ici reconnaître ma dette envers Anne Dupuis, professeure de littérature et érudite, qui m'a appris l'existence de Victor Gruen. Les éléments biographiques et historiques proviennent du livre de Jeffrey Hardwick, *Mall Maker: Victor Gruen, Architect of an American Dream*, Philadelphie, University of Pennsylvania Press, 2004.

Ses intentions étaient pourtant nobles. Il était réellement inquiet des ravages culturels et esthétiques du développement urbain d'après-guerre, centré sur la circulation automobile. En accroissant la distance entre lieux de vie et lieux de travail, l'étalement urbain détricotait les communautés des quartiers densément peuplés, menaçait de mort les centres-villes, anéantissait les espaces communs, désertifiait les rues principales. En dépit de leur homogénéité culturelle, les nouvelles banlieues pâtissaient d'un cruel manque de socialité, d'espaces de vie collective. Pour remédier à ce problème, Gruen a voulu concevoir un lieu clos qui concentrerait des services et des boutiques et qui redonnerait leurs droits aux piétons, insufflant ainsi une nouvelle forme de vie communautaire dans la banlieue américaine. Ce bâtiment, c'était le *mall*. Le premier-né, le Southdale Center, a ouvert ses portes à Minneapolis en 1956. Ce monument de la société d'abondance, avec ses fontaines, ses allées, ses œuvres d'art, sa température maintenue en permanence à 22 °C, ses fleurs et ses arbres artificiels était une figuration fictive de la cité parfaite. « Il ressemble plus au centre-ville que le centre-ville lui-même ! » s'est exclamée la foule ravie le jour de son inauguration[2].

Le succès des centres commerciaux a été fulgurant. Entre 1970 et 1990, on en a construit près de 25 000 aux États-Unis, sans toutefois obtenir les effets recherchés

2. Hardwick, *Mall Maker, op. cit.*, p. 145.

par son inventeur. Sans le vouloir, Gruen avait conçu un redoutable piège à consommateurs qui a fait proliférer les autoroutes et qui a accéléré l'érosion de la vie collective que l'architecte espérait ranimer. Quinze ans après l'ouverture de son premier *mall,* Gruen déplorait ainsi que les villes américaines « n'offrent comme expérience collective quasiment rien d'autre que des bouchons de circulation ». Il rêvait de corriger les erreurs de l'urbanisation par une intervention technique et son expertise d'architecte, mais pour faire une cité, il faut des citoyens. Et dans un espace public qui est réellement le site d'une entreprise privée, il n'y a pas de droit de cité. Désabusé, il a quitté les États-Unis pour retourner vivre en Autriche, persuadé que l'Amérique ne serait jamais qu'« une société où chacun désire s'acheter ce dont il n'a pas besoin avec de l'argent qu'il ne possède pas afin d'impressionner des personnes qu'il n'aime pas[3] ».

*

* *

Les promoteurs des centres commerciaux des années 1960 utilisaient un slogan publicitaire éloquent : *The joys of the outside brought inside,* que l'on pourrait traduire par : « Les plaisirs du monde extérieur ramenés à l'intérieur » ou, de manière moins littérale et plus

3. *Ibid.*, p. 218.

ironique : « Sortir sans mettre le nez dehors. » Qu'est-ce que le centre commercial, sinon cette promesse d'un paradis intérieur, pacifique, propre et prospère qui ne retiendrait du réel que la joie, laissant le monde extérieur à la saleté, la violence et la misère ? On aime croire de la beauté qu'elle ne parlerait qu'à nos sentiments. Si cela était vrai, la laideur fonctionnelle de l'architecture commerciale, ainsi que celle de trop nombreux développements urbains, ne serait qu'une faute de goût, un sujet de débat, sans plus. Même les esprits les plus raffinés pourraient se tromper. Après tout, Émile Zola a bien râlé contre la tour Eiffel. Mais il y a une éloquence des formes architecturales, et ce que raconte le centre commercial, c'est l'histoire d'une société où le monde devient illisible, indéchiffrable, où la liberté et la beauté se seraient irrémédiablement retirées dans l'intimité.

Il faut parfois réellement entrer en soi-même pour échapper au monde social ou naturel. La nature n'a rien de sentimental, elle est impitoyable, et la première nécessité de la vie, c'est de s'abriter, fuir, se défendre. Pourtant, la beauté existe malgré tout, et pour nous, qui sommes des êtres sensibles, remarque le romancier et essayiste britannique John Berger, elle atteste de notre appartenance à ce monde, malgré tout ce qu'il contient d'étranger. « Il y a dans la beauté d'un coquelicot, écrit-il, quelque chose comme un signe que nous ne sommes pas seuls, que nous sommes plus profondément insérés dans l'existence que le cours d'une seule vie pourrait nous le faire penser[4]. » Et c'est encore plus manifeste avec l'animal, car celui-ci « détient des secrets qui, contrairement aux secrets des grottes, des montagnes, des murs, s'adressent spécifiquement à l'homme[5] ». John Berger, qui a longuement médité les questions de la représentation et de l'image, pense ici à la vision, au regard, une faculté qu'ont en commun l'homme et de nombreux animaux.

Le biologiste Adolf Portmann, né en Suisse en 1897 et mort en 1982, a exploré la même intuition dans son livre *La forme animale*, publié en 1960. L'incroyable diversité des formes animales, le foisonnement esthétique de la vie, était pour lui une source d'émerveillement, et c'est ce ravissement, « cette joie » que lui procurait la splendeur des êtres vivants qu'il a voulu « propager » par ses travaux. Le visible, soutient-il, serait structuré selon « d'autres lois que l'invisible », et la diversité des formes animales, loin d'être un accident ou seulement un outil de la survie et de la reproduction, aurait une signification en elle-même. L'acte qui consiste à se montrer ou à se faire voir, pour le dire le plus simplement possible, rend manifeste une vérité de l'espèce, et cela enseigne « que la forme extérieure est plus qu'un outil et une enveloppe pour les organes intérieurs[6] ». Le biologiste

---

4. John Berger, *Pourquoi regarder les animaux ?*, Genève, Héros-Limite, coll. « Feuilles d'herbe », 2011, p. 82.

5. *Ibid.*, p. 22.

6. Adolf Portmann, *La forme animale*, Paris, La Bibliothèque, 2013, p. 256.

constate ainsi qu'un œil non spécialiste ne peut pas différencier les espèces d'une même famille chez les animaux supérieurs seulement en observant les viscères, l'enchevêtrement des intestins, la disposition des organes, indissociables de leurs fonctions respectives. Un profane ne saurait voir la différence entre les viscères d'un lion et celles d'un tigre, mais n'importe quel enfant sait distinguer les deux félins en observant le pelage ou la forme de la tête. La partie visible de l'animal constitue son identité dans le langage des sens.

De ce point de vue, on peut dire que le centre commercial n'est pas une bestiole comme les autres. Il se présente telle une bête qui aurait été retournée comme un gant : un orignal qui aurait les bois dans le ventre. Une bonne partie de ses viscères se trouvent à l'extérieur : poubelles, stationnements, bouches d'aération, climatisation. Seules quelques enseignes révèlent la nature du lieu aux regards des passants. Le bâtiment annonce à la face du monde que l'essence de la vie sociale s'y résume à la brute fonctionnalité des choses simplement utiles. Ce n'est qu'une fois dans le ventre du monstre qu'on trouve ce qui a été conçu pour les sens, la couleur, l'art, les formes, les jeux d'ombre et de lumière. Et encore, cette « beauté » ne manifeste qu'une volonté intéressée d'exciter le désir d'acheter et de consommer.

Aujourd'hui, le centre commercial fermé a été supplanté par les *lifestyle centers,* qui sont des complexes commerciaux ouverts. L'orignal a recraché ses bois, mais le mal est fait. L'architecture clinquante de ces quartiers, conçus pour être reconstruits tous les dix ans, est largement inspirée des décors en carton-pâte des grands parcs d'attractions et rappelle que ces lieux sont hors du temps, étrangers à toute expérience commune du monde. Sortis de nulle part, sans passé ni avenir, ils empruntent aux styles architecturaux de plusieurs époques, selon les canons de l'architecture postmoderne. Ce style a l'avantage d'évoquer diverses périodes historiques et plusieurs traditions, et d'ainsi donner l'impression que ces lieux possèdent ce que précisément ils nient : une culture vivante. Comme on y a fait table rase du réel, tout est possible. Le promoteur d'un gigantesque *lifestyle center*, le quartier 15-40 de Montréal, a ainsi pu déclarer en conférence de presse que les plantes en plastique sont plus écologiques que les vraies : « Ce sont des plantes qui ont une empreinte écologique beaucoup plus faible que si ce sont des plantes naturelles. Quand on regardait les vraies plantes, [on constatait qu'elles exigeaient] un service d'entretien. Il fallait venir toutes les semaines, avec un beau [camion] qui brûle le diesel, avec les produits chimiques qu'il faut mettre, puisque ce sont des plantes intérieures. On s'est dit qu'au bout de la ligne, qu'en utilisant des produits recyclés, pour faire nos plantes vertes, c'était mieux[7]. »

---

7. Jean-François Nadeau, « Le temps du plastique », *Le Devoir*, 25 mai 2015.

Il n'y a aucun mystère derrière les plantes en plastique de ces villages de Potemkine mercantiles, nulle violence dans cette authenticité préfabriquée, nulle misère et nulle expérience historique dans ces quartiers. Toutes ces choses, nous savons parfaitement de quoi elles sont constituées : de pétrole, de chimie, de retour sur investissement, de réglementation, d'abondance, de propreté, d'un oubli de soi et du monde réconfortant. Ces choses peuvent sembler belles, mais elles n'offrent aucune espérance. Elles expriment la plus terrible des solitudes existentielles, et entre elles et le mouvement intérieur de l'âme, il y a une opposition absolue. En ce sens, l'esprit du centre commercial manifeste parfaitement ce à quoi tend de toutes ses forces la société qui les a voulues : la perte du monde.

Mièvrerie d'un jour d'hiver

C'était dimanche et il faisait beau, alors fiston et moi avons ramassé nos patins et nos bâtons de hockey et nous nous sommes dirigés vers la patinoire extérieure du quartier, confiants d'y trouver une bande de jeunes pour jouer une partie. Pendant le temps des Fêtes, nous y étions allés avec Gilles, le voisin, qui est aussi le laïc responsable de l'entretien de l'église de la paroisse. L'église de la Visitation, inaugurée en 1751, est la plus vieille de Montréal. Pour s'y rendre depuis chez nous, on emprunte un chemin qui longe un vieux cimetière, le Sentier des Autochtones, ainsi nommé parce que les Amérindiens qui arrivaient par la rivière des Prairies passaient par là pour traverser l'île jusqu'à Ville-Marie. Derrière l'église, il y a un joli parc qui longe la rivière, assez vaste pour qu'on puisse y faire du ski de fond en hiver et du vélo l'été. La patinoire du quartier, qui jouxte le magnifique bâtiment d'une école dessiné par l'architecte Ernest Cormier, se trouve tout près de ce parc, au-delà d'un large boulevard poussiéreux et d'une autoroute grise menant aux banlieues qui s'étalent sur plus de 40 kilomètres vers le nord.

Montréal est une ville dont les charmes, menus, vivaces, nombreux, sont écrasés par la laideur massive d'un urbanisme soumis aux règles froides de la circulation et de la spéculation. Dans l'ensemble, elle donne à voir les mêmes autoroutes, les mêmes centres commerciaux, les mêmes stationnements, les mêmes stations-service, les mêmes gratte-ciel, les mêmes maisons de parvenus en carton-pâte que n'importe quelle autre agglomération d'Amérique. De ce point de vue, c'est un non-lieu dont l'identité abstraite laisse présager un désert culturel. Pourtant, dans le détail de la vie de ses quartiers, dans ces lieux habités, où l'on s'amuse, où l'on étudie, où l'on travaille, mange, marche et se divertit, la culture vit et la ville offre des joies minuscules et inestimables.

Gilles m'a confié avoir retrouvé sur la patinoire du quartier l'esprit des joutes de sa jeunesse à Rivière-du-Loup, dans les années 1960. Moi aussi, je dois le dire, j'y ai renoué avec un plaisir de mon enfance, même si mon corps souffre davantage maintenant en faisant ce type d'effort. Les règles informelles de ces joutes improvisées n'ont pas varié en un siècle, toujours aussi admirables de simplicité et de camaraderie : on met les bâtons au centre de la glace, une personne les choisit au hasard et les lance des deux côtés de la patinoire afin de former les équipes, puis tous, grands, petits, vieux, l'athlète filiforme comme la vieille barrique de graisse, s'égaient et se dépensent en prenant toujours soin d'ajuster leur jeu au talent de la personne qui leur fait face. L'enfant maladroit de 8 ans y est tout autant à son aise que l'agile adolescent ou le quarantenaire au souffle court. Ce dimanche-là, sur la patinoire, il y avait deux Anglos, qui parlaient français, le jeune qui m'a accueilli en se lamentant de la défaite des Canadiens de Montréal, la veille, était d'origine haïtienne, et le petit malin qui m'enlevait sans cesse la rondelle s'appelait Sharif. Puis, il y avait des Fortier, un Beauchamp, une Simard et quelques autres patineurs dont les ancêtres devaient ignorer jusqu'à l'existence de la glace.

Nous avons joué pendant deux heures, avec intensité, au point d'avoir chaud malgré les 15 degrés sous zéro et le vent. Tant de joie en pleine crise de l'identité et au moment où la civilisation vacille sur le bord d'un gouffre, c'était presque indécent. Mais l'hiver étant une saison destinée à disparaître, on nous pardonnera ce moment d'égarement.

*

* *

Le Québec accueille environ 50 000 immigrants par année. Toutes proportions gardées, il en a accueilli bien plus avant la Première Guerre mondiale et après la

Seconde, par exemple, et il n'en est pas mort. Ce qui est nouveau, de nos jours, c'est le sentiment que les flux migratoires sont là pour de bon, ce qui justifie que le sujet figure parmi les débats publics légitimes. Je m'interroge toutefois sur la possibilité de discuter sereinement de l'immigration dans les termes angoissés du nationalisme conservateur. Comment peut-on rester calme si l'on part du présupposé que ce phénomène est une menace existentielle qui nous place, pour ainsi dire, en position de légitime défense, qu'il serait « la grande question de notre temps », celle à laquelle sont subordonnées toutes les autres ? Comment ne pas devenir hargneux si on juge que trop souvent, « au nom de la diversité, on explique aux natifs qu'ils sont de trop[1] » ? Comment ne pas devenir hystérique lorsqu'on se fait répéter partout que notre société a dépassé ses « capacités d'intégration » des étrangers, qu'elle est en fait au seuil de la désintégration ?

Mathieu Bock-Côté dépense des hectolitres de salive et d'encre à déplorer qu'il soit impossible d'aborder la question délicate de l'immigration sans être accusé d'apporter la peste et le choléra dans la Cité. Il n'a pas tort. Ces discussions partent souvent en vrille. Or notre homme consacre bien plus d'énergie à gémir sur les anathèmes qu'on lui jette qu'à étoffer ses thèses sur le sujet.

1. Mathieu Bock-Côté, « La mauvaise couleur », *Le Journal de Montréal,* 12 juin 2018.

Cela fait maintenant huit mois que je le lis, et pour l'instant, sa sociologie de l'immigration tient en une ligne, inquiétante : pour que la « majorité francophone » ne disparaisse pas dans la flotte cosmopolite, les seuils d'immigration doivent être abaissés à 25 000 immigrants par année, 30 000 à la rigueur. Pourquoi ? « Parce que nos capacités d'intégration » ne sont pas élevées. Qu'est-ce que cette capacité d'intégration ? Mystère. Puis, fidèle à sa méthode qui consiste à penser *contre*, à confondre la dénonciation d'une imperfection avec la découverte d'une vérité, il propose cette pierre de touche : « [L]'allergie répandue dans les communautés culturelles à l'endroit du nationalisme québécois est un bon indice de l'échec de l'intégration[2]. »

Dans ce parc où nous avons joué au hockey avec Sharif, dont il me faudrait penser qu'il menacerait ce que je suis – à moins qu'il ne trouve la rédemption par sa conversion à la cause de MBC –, il y a deux patinoires. Une avec des bandes et des buts pour jouer au hockey, une autre, plus petite, pour le patin libre où, ce dimanche-là, Virginie, une amie de mon fils, esquissait des figures de patinage artistique. Je ne l'avais jamais rencontrée, mais mon fils m'en parlait depuis des mois. Quelle n'a pas été ma surprise quand j'ai découvert que l'amie en question était une Sénégalaise dont le français

2. Mathieu Bock-Côté, « Immigration et intégration au Québec », *Le Journal de Montréal*, 16 septembre 2018.

est de loin supérieur à celui que parle notre premier ministre. Il n'était jamais venu à l'esprit de mon fils de me le préciser, sans doute parce que cela lui paraissait anecdotique.

La question de l'intégration des immigrants à la société n'est pas simple, et il serait candide de penser qu'elle n'impliquera jamais de frictions. Toute l'histoire de l'Amérique du Nord, qui est une terre où se succèdent les vagues migratoires, en témoigne. Il est permis toutefois d'espérer que pendant que certains gagnent leur vie à semer la panique en haut lieu, les jeunes, eux, sont à résoudre au ras des pâquerettes cette question de l'accueil. Une chose est sûre : sur les patinoires des parcs d'Ahuntsic, la culture commune vit, et pour citer à nouveau Churchill, « nous attendons l'invasion promise de longue date. Les poissons aussi ».

Le sourire de Pierre Vallières

Je me demande ce que deviendront certains séparatistes de ma génération quand ils auront chassé les Anglais de leur paysage. J'ai peur qu'ils ne puissent survivre à cette séparation, tellement ils renieraient une part importante d'eux-mêmes en cessant de s'affirmer contre eux. Il faudra peut-être alors qu'à leur tour ils inventent le Noir, le Juif ou l'Arabe...

Pierre Vallières, 1963

Quand Nicolas et moi sommes entrés dans sa chambre à l'hôpital Jacques-Viger, rue Saint-Hubert, Pierre Vallières s'est redressé sur son lit et a souri. Un sourire spontané, porté par une joie qui donnait à son visage un air candide. C'était franchement mauvais signe. Pierre savait rire, mais je ne l'avais jamais vu perdre sa défiance. Il avait toujours paru animé d'une envie irrépressible d'en découdre, même lorsqu'il était détendu. Là, il semblait un enfant. Nous avait-il reconnus ? Je ne crois pas. Très amaigri, il avait perdu l'usage de la parole et se déplaçait péniblement. Il lisait encore, comme en témoignait l'exemplaire du *Devoir* posé sur sa table de chevet, mais j'ignore s'il avait une grande intelligence des choses qui l'entouraient. Mon ami et moi l'avions rencontré dix ans plus tôt, par un ami commun, Frédéric. Lui-même l'avait rencontré dans un groupe d'entraide pour personnes ayant des problèmes de santé mentale que Vallières animait. L'écrivain, grande figure de la gauche radicale des années 1960, activiste violent, adulé, exécré, mais aussi croyant, avait un faible pour la folie et les fous. C'était un personnage singulier, farouchement indépendant, un solitaire avec la liberté et la justice sociale chevillées au corps, un intellectuel, un révolutionnaire dans l'âme, un journaliste, un grand écrivain. C'est sa grande sensibilité littéraire qui nous a plu, à Nicolas et moi, et s'il nous a appris quelque chose, c'est bien à écrire. Nous l'avons salué en avançant timidement vers son lit. Il est demeuré béat. Nous lui avons parlé, et seule une larme discrète indiquait que nos paroles l'atteignaient. Je suis sorti de l'hôpital convaincu que c'était la fin. Il est mort quelques semaines plus tard, le 23 décembre 1998.

Quelques mois plus tôt, ayant su que ses jours étaient comptés, j'étais allé voir Jean Ménard, un de ses vieux amis que je connaissais un peu, pour qu'il m'explique ce qui était arrivé à Pierre Vallières. L'histoire qu'il m'avait racontée était tragique et belle. C'était celle d'un militant qui trébuche dans un ultime engagement en Yougoslavie, mais, surtout, celle de l'amitié entre deux hommes de gauche qui ont toujours su, dans leur cœur et dans leur âme, qu'il est vain d'être du côté des pauvres si on ne dérange pas les riches, qu'il est lâche de parler de justice et d'attaquer des systèmes sans jamais interpeller les consciences, les volontés, les désirs, et que pour vivre, il faut savoir se battre pour son prochain.

Dans une des formules qu'il nous ressasse, Mathieu Bock-Côté affirme que la lutte des classes serait aujourd'hui « passée de gauche à droite[1] ». Je présume qu'il faut entendre par cela qu'elle a cessé d'être une lutte, qu'elle ne concerne même plus les classes sociales, qu'il faudrait désormais l'assimiler à ces discours conservateurs qui flattent les passions de l'opinion au lieu d'accompagner les volontés dans leur combat pour la liberté et la dignité. Certes, la gauche radicale a été capable du pire comme du meilleur, mais sa colère a toujours été celle du souci des autres, celle d'une bonté révoltée par les souffrances sociales et qui s'engage réellement auprès des individus. Cette colère s'est parfois montrée impitoyable, folle, déraisonnable, mais à tout prendre, les excès de la bonté seront toujours moins à craindre que ceux du ressentiment. Voilà ce qui pourrait être la morale de l'histoire que m'a racontée Jean Ménard, si les histoires étaient vraiment faites pour avoir une morale.

---

1. Bock-Côté, *Fin de cycle*, *op. cit.*, p. 39.

*

* *

Jean Ménard est prêtre, mais il ne porte pas en très haute estime l'Église catholique, apostolique et romaine. Il est anticlérical, comme le fut Jésus. Très jeune, il a appris à se méfier de l'Église de la peur, servante docile d'un ordre social et économique dont sa famille et son voisinage faisaient les frais. En effet, les curés confondaient souvent – mais moins systématiquement que d'aucuns le prétendent – humilité et humiliation, obéissance et servilité. Ils étaient majoritairement du côté des patrons, mais Ménard, lui, est venu au monde chez les ouvriers. Il était fréquent, dans le Valleyfield des années 1930, de naître ouvrier, puis d'en mourir. De cette enfance marquée par la brutalité de l'industrie textile, Jean Ménard n'a pas gardé une haine profonde des bourgeois, mais l'intime conviction que les pauvres sont moins faux, plus réels que leurs maîtres. Que pour qu'adviennent la justice et la vérité, il faut se reconnaître dans les damnés, sans quoi les vertus humaines relèveraient plus de la coquetterie que d'un authentique altruisme ! Que si l'amour peut nous libérer de la malédiction des mauvais commandements, c'est à la condition qu'il s'incarne dans une solidarité réelle, dans un engagement. Et c'est bien ce que Jean Ménard a fait en tant que prêtre missionnaire : il s'est engagé dans le combat des pauvres pour se libérer de leurs servitudes. C'était là le sens de sa foi.

Pierre Vallières, lui, a suivi sa vocation pour la révolte. La rage, il l'a attrapée assez jeune, à peu près à l'âge où les gens normaux attrapent les oreillons. Il habitait Longueuil-Annexe, une banlieue ouvrière qui s'est ensuite appelée Ville Jacques-Cartier, et qui aujourd'hui a été absorbée par la grande agglomération de Longueuil. À la fin des années 1940, Longueuil-Annexe était encore un petit hameau de 2 000 âmes, sans égouts ni eau courante, peuplé d'innombrables chiens errants, une cité boueuse où s'étaient exilés des ouvriers montréalais pour devenir propriétaires de taudis « construits entièrement avec des deux par quatre et de larges panneaux de carton que l'on recouvrait ensuite de papier goudron », comme le raconte Pierre Vallières dans *Nègres blancs d'Amérique*. Les plus belles pages de ce livre, écrit clandestinement en prison à New York avec des bouts de crayon, publié en 1968 et immédiatement frappé d'interdit, sont celles qu'il consacre à son enfance et où il saisit sur le vif la misère économique du Canada français tout en racontant sa détermination à sortir de cette boue. « Des jeunes gens braves en sont sortis [de ce] Farouest aux portes de Montréal, [cette] extraordinaire banlieue ouvrière qui était un royaume de fantaisie, de courage et de liberté[2] », a écrit Jacques Ferron pensant, à n'en point douter, à Pierre Vallières, dont il fut le médecin.

2. Jacques Ferron, « Ville Jacques-Cartier », *Le Devoir*, 18 mai 1974.

Dans les années 1960, Pierre Vallières et Jean Ménard ignoraient tout l'un de l'autre. Après s'être essayé à la littérature, puis être entré dans les ordres religieux pour en ressortir athée, le premier s'apprêtait à devenir célèbre en tant que membre du Front de libération du Québec (FLQ), un « regroupement de travailleurs québécois [...] décidés à tout mettre en œuvre pour que le peuple du Québec prenne définitivement en mains son destin ». C'est du moins ce que prétendait le manifeste qui a été lu sur les ondes de la télévision d'État, dans la foulée de l'enlèvement de l'attaché commercial britannique James Cross et de Pierre Laporte, le ministre provincial du Travail, en 1970. Ménard, quant à lui, inspiré par Rimbaud, Freud et Emmanuel Mounier, partait pour un périple d'une vingtaine d'années en Amérique latine, où il s'est lié d'amitié avec le théologien de la libération Leonardo Boff, ce qui l'a amené à devenir un témoin – et un partisan à divers degrés – de la Révolution castriste à Cuba, du gouvernement Allende au Chili et de la Révolution sandiniste au Nicaragua.

Ce n'est qu'à la fin des années 1980 que le destin a l'obligeance de rapprocher les chemins des deux hommes. Non sans une touche d'ironie, puisque c'est la religion chrétienne, si longtemps honnie par Vallières, qui provoque cette rencontre, lorsque celui-ci renoue avec la foi, suivant l'esprit de la théologie de la libération. Cette amitié gravite longtemps autour de considérations contemplatives, de leur foi partagée, du besoin d'enraciner l'action dans un sens, jusqu'à ce que les deux hommes, interpellés par la guerre en Bosnie, se lancent dans une énième aventure politique. Vallières vient alors de publier son dernier pamphlet, *Le devoir de résistance*. Un essai critique sur le fatalisme et la mondialisation du capitalisme, mais aussi une réflexion sur l'apprentissage de l'indépendance réelle, celle de la libre individualité. Un texte assez convenu sur le fond, mais admirablement bien écrit, comme toujours. Son douzième livre depuis *Nègres blancs d'Amérique*. Nous sommes à l'été 1994, et il va entreprendre ce qui sera son baroud d'honneur.

*
* *

Tout se passe très vite. En 1993, Vallières fait voir à Jean Ménard un documentaire sur l'agression de l'armée populaire yougoslave en Bosnie, qui a débuté en 1991. Le prêtre est « bouleversé », me dira-t-il ensuite, à la vue de Sarajevo, ville cosmopolite et tolérante, frappée par l'orage d'acier de l'artillerie serbe. Il entrevoit le spectre d'un autoritarisme brutal, « un péril dont Montréal n'est peut-être pas à l'abri », précisera-t-il. Comme chaque fois qu'il sent que quelque chose comme le destin de l'humanité est en cause, Ménard décide de s'impliquer. « Parce que j'étais convaincu, tout comme Pierre, que dans un monde qui rapetisse sans cesse, il fallait sauver à tout prix ce modèle d'un pays et d'une ville profondément démocratiques, cultivés, multiethniques, pluriethniques, appelle ça comme tu veux. Mais, pour moi, il y avait là un idéal à faire naître. » Un jour, même s'il ne connaît personne sur place, il décide de partir pour Sarajevo. Quand il annonce son projet à Vallières, celui-ci s'emballe : « Tu ne peux pas aller à Sarajevo sans moi. Je pars avec toi. »

On peut deviner pourquoi Vallières a été sensible à la cause bosniaque, celle d'une petite communauté politique qui s'insurge contre une fédération habilement contrôlée par une caste bureaucratique, opposée à une république pluriethnique et encore plus à l'indépendance de petites nations comme la Croatie ou la Slovénie. Et puis il y a l'Europe, cette union construite pour la paix et la prospérité, devenue sourde aux revendications de ces peuples qui, libérés de la tutelle des empires communistes, se sont mis partout à imaginer pour eux une forme de souveraineté. Une Europe gavée de « village global » et de « mondialisation », dont le cœur ne bat plus que pour le marché, l'argent, l'argent et encore l'argent, et que seul un vieux vernis social protège de l'éclatement et du ressentiment. Pierre Vallières en est persuadé, et on ne peut pas dire que la suite des événements lui ait donné tort.

En rétrospective, en effet, on peut voir se dessiner dans cette guerre les lignes de fractures qui divisent aujourd'hui l'opinion et galvanisent les esprits. En me racontant ses aventures en 1998, Jean Ménard me met des livres dans les mains, dont des essais d'Alain Finkielkraut sur cette guerre, *Comment peut-on être Croate?* et *Le crime d'être né.* « Je ne suis pas toujours d'accord, mais c'est intéressant. Une défense des petits peuples », me résume le prêtre. Dans ces textes, Finkielkraut déplore que l'Europe soit incapable de concevoir d'autres libertés que celles de consommer et d'entreprendre et que les aspirations nationales apparaissent comme une pathologie. Des livres instructifs, en effet, mais l'on sait aujourd'hui que cet amour des petites nations et cette critique de la mondialisation ne sont pas les idées d'un homme de gauche comme Ménard ou Vallières. C'est moins la défense de l'existence des petits États (lire: nations) comme une valeur en soi qui a animé ces deux hommes, qu'une certaine intuition de la justice, de la liberté, de la dignité des plus démunis qui nous met au défi de tout sacrifier pour honorer ce qu'il y a de bon et de valable en nous.

C'est bien cela qui se jouait à Sarajevo, en 1994: la résistance. Rien ne fascinait davantage Vallières que cette forme de la combativité qu'il avait élevée au rang d'impératif catégorique dans son dernier essai. *L'Espoir* de Malraux était un livre fondamental dans son univers. Alors forcément, cette ville de 400 000 habitants tenant en respect une armée professionnelle qui tente d'établir la suprématie d'une nation sur un peuple multiculturel (un exemple d'intégration des musulmans en Europe) ne pouvait pas le laisser indifférent. À l'été 1994 donc,

Vallières s'est rendu dans cet enfer, en compagnie de son copain, André McLaughlin, et de Jean Ménard. Mandatés par le groupe de solidarité internationale Québec-Bosnie, ils ont sondé le terrain et pu témoigner de la guerre ainsi que des espoirs qu'elle n'avait toujours pas anéantis.

Ils ont établi un contact avec la présidence bosniaque et ont lancé un projet d'action solidaire visant à fournir du papier au dernier quotidien de la ville, le journal *Oslobodenje*. Ce n'était pas si simple qu'on pourrait le croire, car l'Organisation des Nations unies (ONU), chargée d'assurer l'embargo militaire dont faisait l'objet à l'époque l'ex-Yougoslavie, considérait le papier comme une arme offensive. Craignait-on un bombardement d'avions en origami ? L'action a néanmoins suivi son cours et, compte tenu du contexte pour le moins bordélique, elle a été couronnée de succès. De retour à Montréal, le comité Québec-Bosnie mené par Vallières a multiplié les activités de sensibilisation, les festivals de films, les publications d'articles pour alerter l'opinion publique sur le drame qui frappait le peuple de Sarajevo.

C'est alors que les choses ont commencé à se compliquer. Au moment de me raconter cette partie du récit, Jean Ménard devient nerveux, ne sachant trop comment me relater la suite des événements : « Moi, je n'ai pas de problème habituellement à raconter les choses. J'en dis même trop en temps normal », bafouille-t-il. La minutie avec laquelle il a préparé notre petite rencontre ne laisse planer aucun doute sur son malaise face à l'idée de devoir décrire cette partie de la vie de Pierre Vallières. Sur la table de cuisine à laquelle nous sommes installés, Jean Ménard a posé des livres sur la Bosnie à sa droite et, à sa gauche, un album avec des photos de Pierre Vallières et d'André McLaughlin au milieu des ruines de Sarajevo. Devant lui, il y a des notes dont il ne se sert pas. Il sait que je veux écrire sur Pierre Vallières, qu'il ne s'agit pas que d'échanger des souvenirs sur un ami commun. « Je veux bien t'aider, mais avec cette histoire, je ne me sens pas dans mon état normal, je suis toujours sur les freins, par respect pour la mémoire de Pierre ou des gens qui sont morts », dit-il sans doute en pensant à André McLaughlin, décédé des suites du sida quelques mois plus tôt, à l'été 1998. Jean n'est pas du genre à se réfugier dans le mutisme, mais sa retenue est parfaitement compréhensible. Raconter le malheur d'un ami, ça noue la gorge, et les mots qui font mal, ceux dont on voudrait qu'ils n'aient jamais à être prononcés, refusent de venir au monde. De bien petits mots, pourtant, que Jean Ménard prononce avec difficulté : embolie cérébrale, psychose, crise cardiaque, folie, aphasie, mouroir.

« C'est pendant cette période, au début 1995 », me dit-il une fois le coup de l'émotion passé, « que j'ai appris par André McLaughlin que Pierre n'était plus "normal". Il ne l'avait jamais vraiment été, mais là, il dépassait des bornes qu'il vaut mieux ne pas franchir ». L'obsession de la Bosnie, le choc du contact avec les violences de la guerre, la vraie, incommensurable avec les violences d'opérette qu'a connues le Québec, les problèmes de santé – Pierre Vallières avait recommencé à fumer et buvait énormément, malgré son artériosclérose et ses trois crises cardiaques –, tout cela l'avait miné, gravement. « Pierre n'est pas dans son assiette ? » avait demandé Ménard à McLaughlin. « Écoute, depuis le mois de janvier, il est très étrange dans la maison. Il s'assoit dans un coin, se berce, parle peu, est songeur. Ça me préoccupe. »

Peu après cette confidence, Pierre Vallières a annoncé à Jean Ménard qu'il désirait émigrer à Sarajevo. Évidemment, l'ami a trouvé l'idée saugrenue : « Ça n'a pas de bon sens de retourner là-bas. » Mais Vallières n'était pas du genre à lâcher prise et, chaque fois qu'il voyait Jean Ménard, il lui annonçait son départ pour une nouvelle date, jusqu'au jour où, contre toute attente, il est réellement retourné à Sarajevo, accompagné de deux jeunes hommes. Il est parti de sa propre initiative, sans encadrement ni soutien, contre l'avis du comité Québec-Bosnie, en dépit de tout bon sens. Il n'en est jamais vraiment revenu.

On trouvera la remarque facile, seulement, il faut bien le dire : Vallières a toujours été du côté des perdants, mais à sa manière, qui ne manquait pas d'éclat. C'était, comme l'a écrit le journaliste Pierre Foglia, un magnifique *loser*. Je crois que gagner le laissait indifférent, du moins en politique. Il était trop impulsif pour assumer la routine des victoires appelées à durer. C'était un rebelle plus qu'un révolutionnaire, de ceux qui peuvent abandonner une lutte victorieuse pour prendre le maquis ailleurs. Ce romantisme, c'était peut-être sa plus grande faiblesse, avec son corollaire, la quête d'héroïsme qui faisait de lui un « piètre gars d'équipe », comme me le confie Jean Ménard. Mais ce sont ces traits de caractère, ce mélange de rage, d'intelligence, d'opiniâtreté et de libre individualité qui ont fait de lui ce qu'il a été. Il a toujours agi seul, impulsivement, avec acharnement. Son dernier voyage en Bosnie, ce n'était rien d'autre que cela.

David Beausoleil avait 22 ans lorsqu'il a accompagné Pierre Vallières en Bosnie. Il ne le trouvait pas trop « anormal », à l'époque, et puis ce périple l'enchantait parce que la Yougoslavie le fascinait depuis le début de son adolescence, bien avant que la guerre mette ce pays au centre de l'actualité. Il allait au-devant des difficultés avec entrain, inconscient des risques d'un voyage aussi improvisé qui, pour cette raison, a été une terrible épreuve. Surtout pour Vallières, dont le cœur malade et les artères bloquées l'empêchaient de parcourir plus de trois pâtés de maisons à Montréal (je me souviens de l'avoir vu prendre un taxi pour aller de la rue Ontario à la rue Sherbrooke). Ce n'était pas d'un séjour dans un pays en pleine guerre civile qu'il avait besoin, mais de vacances au bord de la mer.

Lors de notre rencontre, David Beausoleil m'explique que pour se rendre de Zagreb à Sarajevo sans le soutien d'un organisme international, Vallières et lui ont été « obligés de prendre l'autobus jusqu'à 50 kilomètres de la ville assiégée. De là, on a payé 40 marks pour qu'un taxi – une Skoda brinquebalante – nous conduise à bon port. Mais le conducteur du taxi a eu trop peur pour compléter sa course, il faut dire que ça bardassait fort à l'époque. Alors, il nous a déposés dans la section du mont Igman qui était sous contrôle croato-musulman. À 600 mètres des premiers faubourgs de Sarajevo ». Ce demi-kilomètre à flanc de montagne, ils l'ont parcouru à pied. Sur le ventre, plutôt, en rampant parce que les tireurs serbes avaient vite fait de les prendre pour cibles. Ce sont des jeunes du faubourg qui, profitant d'une accalmie, les ont finalement sauvés. Pierre Vallières est sorti de cette étape « en bien mauvais état » et énormément perturbé.

Le reste du voyage n'a été qu'une succession de privations et de difficultés. Pouvait-il en être autrement ? Cette épreuve a définitivement brisé Pierre Vallières, physiquement et mentalement. De retour à Montréal, il ne pesait plus que 50 kilos. Des médecins ont soutenu qu'il faisait une crise psychotique, ce qui n'était pas si clair pour ceux qui le connaissaient bien. Par contre, il était manifestement ailleurs. Au bout de quelque temps, il a pris du mieux, donné quelque espoir à ses proches, mais c'était un mirage. Il est retombé malade, très vite.

Jean Ménard se souvient à regret de cette période, triste. « Pierre a commencé à fabuler et à se sentir poursuivi. Cela avait les apparences d'une crise de paranoïa, mais je me demande parfois s'il n'avait pas eu des AVC sans qu'on le sache, si son cerveau n'était pas abîmé. En tout cas, il n'avait plus toute sa tête. Un jour, il a même fallu mettre fin à une conférence de presse qu'il avait organisée. Tu imagines, être obligé de dire à des journalistes : "On vous demande, pour votre réputation, et pour celle de Pierre, de ne rien publier de ce qui vient d'être dit." J'étais hors de moi, furieux, tellement cela me peinait. » Malgré toutes les précautions, un peu avant le référendum de 1995, un journaliste de *La Presse* a fait la une avec une entrevue dans laquelle l'ex-felquiste clamait haut et fort qu'il ne militait plus désormais que pour l'indépendance... de la Bosnie.

Puis, un jour, il a été terrassé par un accident vasculaire cérébral : son cœur a cessé de battre plus de trois minutes, son cerveau a été atteint, la mécanique de son corps s'est grippée, les rouages de son esprit se sont engourdis et son âme s'est presque éteinte. Pierre avait vécu. Il quittait tranquillement ce monde, mais non sans créer quelques remous. C'était Vallières, après tout. À l'hôpital Saint-Luc, où il a été interné lors de sa dernière crise, on a dû trouver bien étrange ce vieil homme mal en point, agité, qui disait arriver de la Bosnie et prétendait être écrivain. Il se souvenait d'avoir été menotté à un lit dans ce même hôpital, trente ans plus tôt, parce que les autorités le soupçonnaient de faire semblant d'être malade pour échapper à la prison. Chose encore plus stupéfiante, il racontait qu'il avait été acclamé par des grévistes qui manifestaient sous sa fenêtre à l'époque. Il déclarait aussi avoir été terroriste pour libérer le Québec. Un fou. C'est Jean Ménard qui a dû expliquer aux médecins que même s'il délirait, Vallières disait vrai. Que dans la vie de cet homme, il en allait souvent ainsi : ce qui paraissait invraisemblable était authentique, peut-être parce que ce qui était réel le tourmentait trop.

*

* *

Les funérailles de Pierre Vallières ont eu lieu à l'église Saint-Pierre-Apôtre, dans le quartier Centre-Sud de Montréal, en janvier 1999. C'était un soir d'hiver sombre et doux. Toute sa vie, Vallières avait pratiqué la politique de la terre brûlée, avançant au gré des circonstances, changeant souvent son fusil d'épaule, ne regardant jamais derrière lui, n'accumulant chemin faisant que le strict nécessaire : quelques livres, des souvenirs, ce qu'il faut pour subsister au quotidien. Mais il possédait des biens immatériels inestimables, la reconnaissance, des amitiés nombreuses et solides, de sorte que pour la cérémonie funéraire, l'église était bondée, remplie d'une foule bigarrée : des artistes, des écrivains, des journalistes, des marginaux. Même un ancien premier ministre, Jacques

Parizeau, avait jugé indispensable de s'y présenter: « Je devais être là. J'ai toujours été un homme de gauche, de gauche modérée, mais de gauche[3]. »

Après la cérémonie, Nicolas et moi avons rejoint des proches et des camarades de Vallières dans un bar de la rue Ontario, le Blues clair. On a bu un verre dans l'atmosphère enfumée et un peu glauque de ce demi-sous-sol, émus. On a ri, débattu, trinqué, avec, au milieu de la table, l'urne contenant les cendres de Vallières. Ce dernier acte de sa vie a été en tout point conforme à ce qu'il avait été: en marge de tout et paradoxalement rassembleur.

Pierre Vallières avait trouvé dans la figure du Christ l'intuition que la vie n'est pas absurde, qu'en dépit de toutes les crucifixions personnelles et collectives, il y a de l'espoir. Il est vrai qu'il n'a pas souvent mené de luttes victorieuses, qu'il lui a fallu une bonne dose de foi pour poursuivre ses combats. Il n'a pas non plus été un grand penseur. Il n'avait pas la patience d'inventer des concepts, il se trompait souvent, mais il avait une grande sensibilité ainsi qu'une rare capacité à exprimer son indignation par écrit. Il a été un essayiste brillant. L'injustice le révulsait, le mettait en furie, et cela le portait à l'erreur. Je ne crois pas cependant que cette rage ait été le véritable

---

3. Cité dans Daniel Samson-Legault, *Dissident: Pierre Vallières (1938-1998). Au-delà de* Nègre blanc d'Amérique, Montréal, Québec Amérique, 2018, p. 441.

moteur de ses actions. Ce qui le motivait, écrivait-il en 1963, citant Péguy, c'est une transformation de la société qui soit « l'appel d'une tradition profonde à une tradition plus profonde encore », la conviction forte qu'une grandeur gît en chacun de nous, une grandeur sans force pour laquelle il faut donc se battre. C'est à cela qu'il a consacré sa vie, et si on m'avait confié la tâche de composer son épitaphe, j'aurais repris ses mots à lui : « Je suis Pierre Vallières. Je suis un autodidacte, je n'ai pas de diplôme universitaire, je ne défends aucune théorie contre une autre, je ne prône aucun système. Je défends la liberté[4]. »

---

4. Cité par Jean Dion, « Je défends la liberté », *Le Devoir,* 24 décembre 2008.

Le chef

Tout de même, si Dieu le voulait,
quel chef pourrait devenir ce grand avocat !

Lionel Groulx, *L'appel de la race*

Longtemps, le projet de recherche « lire Mathieu Bock-Côté » a été mené comme une entreprise charitable. Arc-bouté sur un effort désintéressé de connaissance, il ne servait aucune autre volonté que celle, inébranlable, de porter notre regard aux confins de cet univers en expansion qu'est le bock-côtisme, soutenu en cela par l'espoir sans cesse ajourné de toucher au vrai. Aujourd'hui, force est d'admettre que l'entreprise s'est épuisée dans la poursuite d'une vérité qui se dérobait à sa quête. Aurions-nous tenté de sonder l'insondable ? Je l'ignore. Je sais cependant qu'il est difficile de comprendre MBC, tant l'effort de ne pas dire les choses est gigantesque chez lui. Tous ses raisonnements aboutissent à des notions aussi flamboyantes que leur définition reste vaseuse : l'« existence », l'« éternité », la « permanence », la « nation », la « décision », la « tradition », la « civilisation », la « culture », le « peuple », etc. Dans sa prose, l'énonciation prime sur l'énoncé, et tout se passe comme s'il suffisait d'évoquer les noms des grands penseurs pour qu'une pensée soit transmise. Comme s'il suffisait d'évoquer l'importance de la culture pour contribuer à son édification. Vient un moment, jugeait le philosophe Fichte, où dans l'ordre du discours, il faut accorder son dire et son faire.

MBC porte certes une attention prononcée aux imperfections du présent. Il est un maître pour repérer certains non-sens, avérés ou pas. Il serait malhonnête de ne pas préciser qu'à cet égard, son analyse opère. Chaque jour, il dépose au tribunal de l'histoire de nouvelles pièces à conviction attestant du « fanatisme » et du « délire » de ses meilleurs ennemis. Les mots sont durs, les accusations sévères. MBC, on la vu, plaide pour un retour au conflit politique civilisé rendu impraticable par ce que lui et nombre de ses amis appellent la « bien-pensance ». Il met ses lecteurs en garde mille fois plutôt qu'une : l'hystérie des intellectuels et la folie des calvinistes de gauche ne font qu'attiser la révolte populiste dont on ne sait si MBC la craint réellement ou s'il l'appelle de ses vœux. Son remède à cette polarisation ? Toujours le même : la réhabilitation du conservatisme. Et qu'entend-il par là ? Le conservatisme, explique-t-il dans le livre qu'il a commis et intitulé *L'empire du politique-*

ment correct, est pour l'essentiel une polémique menée contre les utopies rationalistes des modernes dans le but d'en contenir les excès. « Je suis moderne, mais avec un point d'interrogation », a-t-il ainsi répété sur mille plateaux de télévision en France lors de la tournée de promotion de ce livre, avec la conviction d'un politicien en campagne électorale. Voilà enfin révélé le secret de toute cette agitation : MBC ne serait qu'un minuscule point d'interrogation apposé au bout des phrases que d'autres ont écrites.

Mais ce signe de ponctuation appelle une affirmation, une réponse qu'on cherche en vain dans l'ensemble de son abondante production de mots. Le principe de cohérence de MBC se trouverait-il hors de lui ? Dans les réflexions et les signaux d'alarme qui lui viennent du dehors ? Sa pensée, tel un bernard-l'hermite qui habite des coquillages glanés au petit bonheur la chance dans le sable, emprunterait sa structure à des corps étrangers. On serait tenté d'en déduire qu'il ne sait pas ce qu'il veut, mais je crains que ce ne soit une conclusion hâtive.

Faisons preuve de générosité et tentons à nouveau d'extraire une seule idée de l'embrouillamini débordant que constituent ses écrits. Il y a manifestement, chez MBC, l'expression d'un besoin d'ordre, et ce que réclament en creux toutes ses jérémiades, c'est du sens. J'imagine que s'il se donnait la peine, il exprimerait en ces termes le paradoxe qui le préoccupe : comment maintenir valides des normes communes, des habitudes héritées, des valeurs dans lesquelles on puisse se reconnaître, alors même que l'on banalise le processus de leur changement ? Sur quoi se fonde l'obéissance aux règles communes dès lors que tout le monde est persuadé qu'elles pourraient toujours être différentes ? Affleurent ainsi les questions fondamentales de l'autorité, du pouvoir, de la représentation et du relativisme des valeurs. Ce sont des questions graves, qu'il importe de se poser, et pour lesquelles la vie politique réelle exige des réponses.

Persuadées que la raison et la liberté peuvent éclairer la conduite humaine, les sociétés modernes ont cherché à répondre aux questions que MBC triture lourdement, en s'en remettant à l'éducation, au débat public, à la liberté de conscience et à l'égalité démocratique. Ce n'est pas un hasard si la multiplication des lieux de participation et de délibération a fait l'objet d'âpres confrontations depuis deux cents ans : droit de vote des femmes, reconnaissance des syndicats, libre administration des villes et des universités, instruction obligatoire, soutien aux libres associations, coopératives de travail, etc. On a appelé « culture » et « civilisation » ce processus de formation à la fois éducatif et politique par lequel la conscience commune parvenait à concevoir des finalités dignes de sa liberté.

Le conservatisme politique s'est toujours méfié de l'idéal démocratique d'une représentation du peuple par et pour lui-même, à travers l'agencement de ses institutions. Les tenants de ce courant de pensée estiment que l'autorité légitime doit être personnelle, qu'elle repose sur une élite naturelle, et ils insistent sur la nécessité d'une représentation du pouvoir *devant* le peuple – comme dans une pièce de théâtre dont les citoyens seraient les spectateurs. Une telle attitude a servi à justifier aussi bien des dictatures que des formes autoritaires de parlementarisme. L'important, c'est que les décisions et les lois viennent d'en haut, que les libertés accordées soient bridées, que les mesures du gouvernement servent les intérêts d'une minorité qui pourra par la suite dicter à la majorité ce qui est bon pour elle.

Suivant cet esprit du conservatisme, la seule idée forte dans l'armature intellectuelle de MBC, c'est l'importance du chef. Qu'y a-t-il de plus émouvant, songe-t-il, que ces rares moments historiques où « une société quitte la vie ordinaire[1] », rompt avec ses habitudes, et ressent dans sa chair qu'elle a besoin d'un héros ? C'est là « que surgissent les grands hommes », ceux qui « explicitent les questions les plus fondamentales du politique » et « tranchent sur leur signification[2] ». MBC en appelle ainsi à l'histoire à l'ancienne, où tout est tributaire de la volonté de quelques-uns, tenus pour être les meilleurs ; l'histoire envisagée du haut de ses grands personnages,

1. Mathieu Bock-Côté, « Psychologie du grand homme politique. Réflexions dispersées sur l'homme politique », blogue du *Journal de Montréal*, 5 août 2012.

2. *Ibid.*

sans qu'il soit possible de concevoir que les sociétés s'animent aussi en fonction de mouvements et de conflits plus profonds, ainsi que par l'action de volontés moins glorieuses que celles des généraux, des rois et des hommes providentiels.

Ce n'est pas du côté des disputes entre théoriciens, nous enseigne MBC, que l'on doit chercher ce qu'est la justice, mais plutôt dans les biographies qui racontent la vie de grands personnages politiques[3]. Voilà qui explique en partie le peu de soin que met le jeune fan de De Gaulle à expliciter sa propre idée de la justice ou ce qui serait, à ses yeux, un bon régime politique. À quoi bon ergoter sur de tels sujets, sachant qu'ils peuvent se régler d'autorité dans une décision souveraine qu'un peuple reconnaissant plébiscitera ? Et puisque cette réponse requiert, pour advenir, une rupture dans l'ordre normal, il n'est pas étonnant que MBC dépeigne jour après jour un monde moralement dévasté. Les sociétés effondrées sont un terreau fertile pour les héros comme le Général. Voilà qui explique pourquoi le hibou de Lorraine hulule aussi gaiement en volant au-dessus du champ de ruines. N'est pas la chouette de Minerve qui veut.

Le grand homme, explique-t-il dans *L'empire du politiquement correct,* est celui qui ne se laisse pas engloutir par le Nouveau Monde, celui qui ne cède pas à ce qui est, et qui, à défaut de restaurer la monarchie, va accom-

---

3. *Ibid.*

plir sous nos yeux le miracle de « restaurer ce qui n'aurait pas dû être sacrifié ». Et qu'est-ce donc que cela ? À quoi bon le préciser, puisque nous verrons cette vérité surgir de l'intuition géniale du « Grand Législateur[4] ». À défaut d'un Jean-Baptiste pour nous annoncer la venue du messie, on devra s'en remettre à l'actualité. Malheureusement, celle-ci ne nous a offert pour l'instant que des avortons. Dans l'inventaire qu'en fait MBC, le dernier en lice est François Fillon, candidat de la droite française défait aux présidentielles de 2017. Pour un temps, explique MBC, les conservateurs français ont cru qu'il serait « le représentant de la permanence française », « moins pour ce qu'il proposait » que pour ce qu'il « incarnait[5] ». À quoi bon s'intéresser à ce que *proposent* les candidats à la présidence, si le corps du vrai sauveur *incarne* tout simplement la nation ?

MBC se désole de l'absence d'une figure du chef comme objet de réflexion de la pensée politique moderne. C'est faux, bien entendu. Bergson en discute, George Canguilhem l'évoque dans un beau texte, Carl Schmitt y consacre d'innombrables pages, parfois brillantes, et Hegel a une élégante et subtile thèse sur le droit des héros à fonder des États. Les réflexions éparses de notre chroniqueur du bon vieux temps recoupent

4. Mathieu Bock-Côté, *L'empire du politiquement correct*, Paris, Éditions du Cerf, 2019, p. 213.

5. *Ibid.*, p. 228.

celles de ces grands penseurs, mais il ne semble pas trouver nécessaire de les citer. Pourquoi s'encombrer d'un si laborieux détour ? Après tout, un chef n'est pas une idée, c'est un don de l'histoire. Ainsi, au lieu de développer une réflexion sur le sujet, MBC se contente d'une de ces formules qui lui vaudront bien d'être un jour appelé à siéger parmi les immortels de l'Académie française : « En politique, je préfère les grands égos aux petits égaux[6]. »

Il n'est donc pas étonnant que MBC admire Lionel Groulx, l'historien québécois en soutane, porté à la postérité par le sombre engouement autoritaire des années 1930. Le chanoine Groulx, comme il se faisait appeler, laissait volontiers parler ceux qui le présentaient comme un chef, titre qu'il ne repoussait que du bout des lèvres, sans tromper personne quant aux ficelles politiques qu'il tirait de sous sa soutane. « Que le nouveau Groulx se lève », s'exclamait MBC en 2001, avant d'ajouter ceci : « Je préfère un seul de ces petits hommes chauves mais énergiques que cent déracineurs imberbes[7]. » En 2017, au moment du cinquantième anniversaire de la mort de Groulx, notre sémillant sociologue ne trouvait cependant qu'à se plaindre, dans les pages du *Journal de Montréal*, que personne n'en parlerait, sauf lui bien entendu, dont

---

6. Bock-Côté, « Psychologie du grand homme politique », *loc. cit.*

7. Mathieu Bock-Côté, « Nous avons besoin d'un nouveau Lionel Groulx », *Le Flambeau*, vol. 2, n° 3, janvier 2001.

le discours se résuma pour la circonstance à déplorer... que personne n'en parlerait[8].

Pourtant, le jour même, dans *Le Devoir*, un long texte expliquait ce qu'avait été cet homme : une véritable référence pour toute une génération de nationalistes canadiens-français bercés par la nécessité d'un chef providentiel pour sortir la nation de sa torpeur. Ses textes, dont plusieurs paraissent sous pseudonyme, le montrent favorable à des régimes autoritaires de droite, ceux de Salazar, Dollfuss, Franco et Mussolini. Groulx proposait « une mystique » tournée vers une Nouvelle-France de composition, ce qui lui permettait d'annoncer l'arrivée de « la génération des vivants », mais au nom de morts à qui il érigeait des monuments souvent avec assez peu d'éléments probants – par exemple son Dollard des Ormeaux. Le chanoine fait penser à certaines figures de l'extrême droite française. À Maurice Barrès avant tout, mais aussi à Charles Maurras et à son Action française. Au-delà du Groulx écrivain et de l'intérêt historique qu'il représente, comment vouloir sauver pareille pensée pétrie d'idées équivoques qui mélangent histoire et mythologie, où le conservatisme confine la société à une image figée qui ne tient même pas compte de la réalité ? Comment s'enthousiasmer pour la pensée d'un homme

8. Mathieu Bock-Côté, « Lionel Groulx : 50 ans », *Le Journal de Montréal*, 23 mai 2017.

qui a passé les dernières années de sa vie à honnir Sartre, de Beauvoir, Gide ou Camus ?

À quoi cela conduit-il, sinon à un obscurantisme tellement saugrenu qu'on en rirait s'il n'était pas à craindre ?

*

* *

On m'objectera qu'il y a un autre motif fondateur dans les écrits de MBC : la religion catholique. C'est effectivement la définition la plus précise qu'il a donnée de l'héritage occidental à préserver. Dans les jours qui ont suivi l'incendie de la cathédrale Notre-Dame de Paris, il a évidemment été très ému de voir la France rassemblée dans la douleur, qui communiait dans l'évocation de la foi catholique. Les catholiques vibraient enfin avec les leurs et cessaient d'être l'objet du mépris des progressistes. La France retrouvait ses racines. On connaît la chanson, il l'entonne souvent. Pourtant, MBC n'est ni pratiquant ni même croyant. Jamais il n'évoque la théologie chrétienne, si riche en enseignements, en disputes et en idées importantes. L'Église n'est pour lui qu'un principe d'ordre capable d'assurer le maintien d'une hiérarchie sociale plus fantasmée que réelle.

S'il s'intéressait vraiment aux cathédrales, l'universitaire qu'il est aurait pu lire l'incroyable livre d'Erwin Panofsky, *Architecture gothique et pensée scolastique*. Il aurait alors su célébrer l'effort de réconciliation entre la foi et la raison qui a donné naissance à ces monuments. Jamais, pas même en passant, il n'aborde dans ses textes les vertus du christianisme, si précieuses : l'espérance, le don, la foi, l'amour. Tout cela, au fond, l'indiffère. La religion ne l'intéresse pas. Ce dont il est nostalgique, c'est le clergé. Ce qu'il désire, c'est un vicaire du Christ. Un pape. Infaillible, de préférence. Un chef, quoi.

Fin de l'histoire

Il y a un an, quand j'ai annoncé à mon entourage ma décision de lire religieusement Mathieu Bock-Côté tous les jours, je me suis attiré plus de quolibets que d'encouragements. Ma femme a soupiré et m'a assuré que je ne tiendrais pas longtemps sur ce cheval. « Il est trop impétueux et il renâcle sans cesse, il finira par t'étourdir. » Un ami, levant les yeux au ciel, a protesté : « Pourquoi lire des textes sans intérêt et déprimants quand tant de grands livres t'attendent ? Tu veux lire un conservateur ? Procure-toi des ouvrages de Bernanos, de Chesterton, de Léo Strauss, de Carl Schmitt ! » Plusieurs personnes se sont étonnées que je puisse avoir assez de temps libre pour me noyer dans l'abondante littérature du jeune chroniqueur de combat. N'ai-je pas un travail ? Des enfants ? Un ami trop sensible m'a même diagnostiqué un début de dépression nerveuse et m'a recommandé d'opter plutôt pour la pêche à la mouche – il n'avait pas entièrement tort, j'ai souvent eu le sentiment cette année d'être le capitaine Achab lancé à la poursuite d'un cachalot blanc. De nombreuses personnes de mon entourage se sont réjouies que je porte cette croix à leur place, étant donné que pour elles, lire MBC serait un supplice. Notre homme a évidemment des lecteurs enthousiastes qui ne partagent pas cet avis, j'en compte parmi mes connaissances qui m'ont vilipendé et ont accusé ma démarche de relever de l'acharnement et de la mauvaise foi. La question reste ouverte à savoir si je suis un écrivain éclairé dans une période obscure ou un dilettante qui s'amuse aux dépens d'un honnête plumitif.

J'ai lu mon premier texte de MBC le 31 mai 2018, et j'ai pu constater dès le départ que je partais à l'aventure. La première chronique que j'ai analysée était une virulente dénonciation de la colonisation des esprits par l'Amérique. L'actrice Roseanne Barr venait de provoquer une levée de boucliers mondiale en qualifiant de guenon une proche collaboratrice de Barack Obama. La comédienne, qui faisait une tentative de retour, avait été la vedette d'une série télévisée culte des années 1990 qui portait son prénom. On y suivait les tribulations d'une famille modeste de l'Illinois en butte aux difficultés économiques et sociales d'une époque dominée par les politiques du reaganisme. De nombreuses personnes ont été surprises de la découvrir partisane de Trump et raciste de surcroît, même si cela est dans l'air du temps. MBC, pour sa part, a été catégorique : les propos de Roseanne

Barr sont « abjects, racistes et minables ». Mais, s'est-il empressé de nuancer, à quoi bon en parler au Québec comme s'il en allait de nos vies, de notre société ? Qu'ont donc tous ces chroniqueurs culturels à s'émouvoir du racisme des Américains comme s'il engageait notre destinée ? L'histoire raciale de nos voisins du Sud est affligeante, mais ce qui serait plus terrible encore, c'est qu'au Québec l'esprit indolent des bobos gavés de séries Netflix se laisse coloniser par ces bêtises qui ne nous concernent point.

La proposition n'est pas mauvaise : pensons par nous-mêmes nos propres réalités. Vous imaginerez alors sans peine à quel point j'ai été surpris en lisant le texte qu'il avait écrit la veille, le 30 mai, et intitulé « Mais si, nous parlerons du voile ». Ce qui était troublant avec ce texte, c'est qu'il s'attardait longuement sur l'émoi provoqué en France par le hijab de Maryam Pougetoux, la porte-parole de l'Union nationale des étudiants de France (UNEF). Face à cette nouvelle preuve de la montée de l'islam, écrivait-il, « nous ne nous soumettrons pas ». Paris, Montréal même combat ! L'injonction de se dissocier de l'indignation américaine – pensons par nous-mêmes – disparaissait dès qu'il s'agissait d'importer sur nos terres l'anxiété française. Un jour, la frontière, c'était le Québec, et ce qu'il fallait en refouler, la dénonciation du racisme propre aux États-Unis, mais la veille, la limite englobait la France, et l'ennemi à repousser, c'était l'intégrisme mahométan. Avec Bock-Côté, le mal vient toujours de l'extérieur, mais les contours de l'extériorité et le mur entre « nous » et « eux » se déplacent au gré des humeurs du chroniqueur.

J'ai vogué de stupéfaction en étonnement pendant des mois. Longtemps, cela m'a même amusé. Force m'est de l'admettre. Comment ne pas sourire, par exemple, à la vue de notre homme, invité par le *Figaro* dans le chic VIIIe arrondissement de Paris, à deux pas de l'ultra-riche XVIe arrondissement, pour donner une conférence annoncée comme une « vaillante défense de la liberté de l'esprit » contre « l'hégémonie médiatique progressiste », pour « un VRAI débat démocratique » près des « préoccupations populaires ». Les billets d'entrée étaient en vente sur le Figaro Store pour le prix d'un verre d'eau au restaurant Fouquet's : 25 euros (40 dollars). À bien y penser, ce n'est pas si cher pour assister en direct à une si subtile opération de retournement des signifiants traditionnels de la critique sociale contre ceux qui les portent (la gauche), et ce, afin de soutenir ceux qui devraient en faire les frais (les riches des beaux quartiers de Paris). MBC joue de la grosse caisse dans un inquiétant charivari où ce ne sont pas les miséreux qui parodient les rois et les duchesses, mais les riches qui se travestissent en pauvres roturiers.

Au fil du temps, lire Bock-Côté tous les matins a fini par m'user. Mes proches n'avaient pas tort. En m'engageant dans ce projet, j'étais dans l'inconscience des souffrances psychologiques que je m'infligeais. On a beau trouver gros le grain qu'il moud, se méfier de la farine qu'il en tire, à manger chaque jour de son mauvais pain, on a forcément le ventre qui se noue. Vivais-je jusque-là dans l'ignorance de tous les périls qui menacent ma demeure? Les cosmopolites apatrides, l'intégrisme religieux musulman, le voile musulman, le terrorisme musulman, l'immigration (musulmane), le néoféminisme policier, les élites mondialisées et, pour couronner le tout, l'ensemble de la coterie culturelle et médiatique occidentale, rongée par le politiquement correct qui, par sa domination, impose la haine de toutes les formes de transmission des valeurs.

Ne nous soumettons pas! Le mot d'ordre est donné. La logique de notre assujettissement se résume à peu près ainsi: « chaque individu est libre de se vêtir comme il veut », or cette invraisemblable générosité permet à un « islamisme rigoriste » de prendre appui sur le droit libéral pour s'imposer « au cœur de l'Occident », ce qui est d'autant plus inquiétant que les élites occidentales, ventripotentes et avachies sur leurs libertés individuelles, ne savent plus « assumer l'héritage de leur civilisation[1] ». Pire encore, cette élite indolente accuse de racisme et de xénophobie les rares héros qui se portent au secours de la civilisation. Ces accusations, qui sont autant d'appels à la censure, frappent d'interdit les salutaires discours

1. Mathieu Bock-Côté, *Le Nouveau Régime. Essais sur les enjeux démocratiques actuels,* Montréal, Boréal, 2017, p. 60-61.

de la droite radicale. C'est ainsi qu'en prétendant défendre les droits et libertés, nous alerte MBC, l'élite « diversitaire » soutient une logique perfide qui nous rend étrangers à ce que nous sommes. La preuve ? Il y a de plus en plus d'étrangers dans le monde.

La vase remonte à la surface, dirait mon vieil oncle Henri.

*

* *

En écrivant les dernières pages de ce livre sur ma terrasse, je me surprends à écouter le guilleri des moineaux et le chant du cardinal avec une émotion empreinte de nostalgie. À Paris, trois moineaux sur quatre ont disparu, et au Québec, les hirondelles se font rares. Je ne peux en conséquence m'empêcher de croire qu'il n'est pas loin le jour où les oiseaux cesseront de me réveiller à l'aurore. Pourtant, les étals regorgent de fruits, de légumes, de viande, de pain, une abondance dont se portent garantes les incroyables forces productives de notre époque. Avec le capitalisme, la crise surgit toujours au milieu de l'abondance. Dans les années 1930, les entrepôts de Chicago débordaient de provisions, alors que les fermiers de l'Oklahoma et les ouvriers de New York criaient famine. En 2020, les États-Unis se gavent à s'en rendre malades pendant que leur grenier, la Californie, sèche et brûle.

Cette prospérité nous empêche de voir une vérité, pourtant éclatante : pour ce système économique, dont le cœur est l'accélération constante de la production d'objets et la transformation permanente de la réalité, ce n'est pas la destruction du monde, mais sa conservation qui entraînerait sa ruine[2]. Un grand économiste comme Keynes s'en inquiétait déjà en 1933 : « Nous détruirons la beauté [...] parce que les splendeurs de la nature, n'étant la propriété de personne, n'ont aucune valeur économique, nous serons capables d'éteindre le soleil et les étoiles parce qu'ils ne rapportent aucun dividende[3]. » Tel est le grand paradoxe des temps présents : on se bat pour la survie de l'humanité et de la planète, menacées par la logique d'un système économique dont nous dépendons pour vivre.

À l'instant, donc, où je m'apprête à mettre un point final à cet essai, je me dis que plus étonnant encore que ce qu'on lit chez MBC, il y a ce que l'on n'y lit pas. En une année à fréquenter ses chroniques, son blogue, ses livres, je n'ai pas vu une seule phrase sur le capital qui dévore tout ce qu'il engendre, rien sur les grandes entreprises dont Keynes soutenait qu'elles éteindraient les étoiles avant de renoncer à leurs profits, pas une ligne

---

2. Hannah Arendt, *Condition de l'homme moderne*, Paris, Pocket, 2002, p. 320 et suiv.

3. Gilles Dostaler et Bernard Maris, *Capitalisme et pulsion de mort*, Paris, Albin Michel, 2009, p. 64-65.

sur les conditions de vie des salariés. Par ailleurs, notre homme se déplace de Montréal à Paris, donne des conférences à Marseille, fréquente les plateaux de télévision, et partout il se gargarise des vertus de la nation, mais il ne dit pas un mot du pays réel, de ses individus, de la Gaspésie, du Saguenay, des agriculteurs, des camionneurs, des infirmières. La vie de ces personnes, leur voix, l'air qu'elles respirent, les paysages qu'elles contemplent, tout cela est absent de son univers. Le tribun du peuple parle en leur nom, mais elles n'existent pas pour lui.

Il se porte à la défense du Québec en général, mais il ne se soucie pas plus que de sa dernière chemise du fleuve Saint-Laurent qui le traverse et l'irrigue. Que ses eaux se réchauffent, qu'elles perdent leur oxygène, que la vie y meure, que ses flots se gonflent et engloutissent les rives, de cela, il ne parle jamais. La culture se meurt ! Lisez des livres ! Ça, il le répète. Rarement, néanmoins, résume-t-il la pensée des autres et jamais il ne s'émeut d'un roman ou de la beauté d'une phrase, de la justesse d'une image, de l'ingéniosité d'un écrivain (à part Houellebecq). Il cite beaucoup de livres, mais les mots, il ne les aime que s'ils sont des armes.

MBC habite un pays sans vallées ni rivières, sans monts ni villages, sans boulevard Taschereau ni route 132 ; un pays sans poudrerie ni froidure, sans arbres ni moustiques, sans commerce ni argent, sans poètes ni ouvriers, et, assis au milieu de ce désert, angoissé par des mirages, il s'inquiète de disparaître. Je l'ai lu et écouté en détail, sans doute mieux que lui-même s'est lu et écouté. Je sais les spectres qui l'angoissent, mais je n'ai toujours pas compris quel est ce monde qu'il désire si violemment conserver.

Remerciements

Écrire est une activité laborieuse et incertaine, et c'est toujours une joie de se relire en ayant la conviction que l'on a su exprimer avec un peu d'élégance un sentiment, voire une idée. Puis, on remet ce texte à son éditeur qui nous explique que bien que génial, il est à réécrire. L'éditeur est un bourreau qui nous questionne avec ses poires d'angoisse et ses autres instruments de supplice afin de nous forcer à dire clairement ce que l'on pense. Rien n'est plus précieux pour un auteur que d'avoir un bon éditeur. Il me faut à cet égard remercier chaleureusement Alexandre Sánchez, qui m'a accompagné dans ce travail d'écriture. Alexandre a été une lectrice généreuse et une éditrice impitoyable, sans ses interventions, ce livre aurait mauvaise mine.

J'ai dû consacrer beaucoup de temps à l'écriture de ce livre, des heures qui appartenaient à ma famille. Je remercie Geneviève, Romane et Justin de m'avoir fait don de ces journées. Je tiens aussi à rappeler ma dette envers Marie-Eve Lamy et Sandrine Donkers pour leurs remarques constructives, ainsi qu'à Nicolas Rouleau et Martine Rose, dont le travail est indispensable à l'existence de ce petit essai. Il serait trop long de remercier ceux et celles qui ont lu en partie ou en totalité les premières versions de ces textes, ces personnes se reconnaîtront et savent combien j'ai apprécié leurs commentaires et leur soutien. Je m'en voudrais toutefois de ne pas nommer ici Nicolas Calvé, copain de toujours, avec qui j'ai fait mes premiers pas dans le journalisme écrit, à la radio, dans l'édition, et qui a bien entendu lu et critiqué ce manuscrit.

Je voudrais, pour finir, remercier ma muse, Mathieu Bock-Côté. Nous ne nous sommes jamais rencontrés et, pourtant, il a été pour moi ce que Virgile fut à Dante : un guide dans les neuf cercles de l'enfer. Maintenant que j'y suis, en revanche, j'aimerais bien en sortir.

TABLE

Mode d'emploi 11
Portrait du jeune homme en héritier 15
Le tribun du peuple 25
L'hospitalité 37
La mélancolie 43
Le voile 51
Le refus 55
La saucisse de Francfort 61
Herr Clausen 69
Le casque de Henri 85
Des preuves de l'existence du père Noël 105
Le centre commercial 111
Mièvrerie d'un jour d'hiver 121
Le sourire de Pierre Vallières 127
Le chef 145
Fin de l'histoire 157
Remerciements 167

Déjà parus dans la collection « Lettres libres »

Mateo Alaluf et Daniel Zamora (dir.), *Contre l'allocation universelle*
Omar Barghouti, *Boycott, désinvestissement, sanctions*
Alain Deneault, *« Gouvernance »*
Alain Deneault, *La médiocratie*
Alain Deneault, *Politiques de l'extrême centre*
Fred Dubé, *Une pipée d'opium pour les enfants*
David Dufresne, Nancy Huston, Naomi Klein, Melina Laboucan-Massimo et Rudy Wiebe, *Brut*
Francis Dupuis-Déri, *L'armée canadienne n'est pas l'Armée du salut*
Francis Dupuis-Déri, *L'éthique du vampire*
Francis Dupuis-Déri, *Nous n'irons plus aux urnes*
Bernard Émond, *Camarade, ferme ton poste*
Bernard Émond, *Il y a trop d'images*
IRIS, *Détournement d'État*
IRIS, *Du vin et des jeux*
Jacques Keable, *Les folles vies de* La Joute *de Riopelle*
Duncan Kennedy, *L'enseignement du droit et la reproduction des hiérarchies*
Aurélie Lanctôt, *Les libéraux n'aiment pas les femmes*
Robert Lévesque, *Près du centre, loin du bruit*
John R. MacArthur, *L'illusion Obama*
Gilles McMillan, *La contamination des mots*
Eric Martin et Maxime Ouellet, *Université inc.*
Pierre Mertens, *À propos de l'engagement littéraire*
Hugo Meunier, *Walmart*
François Morin, *La grande saignée*
François Morin, *L'hydre mondiale*
Jean-François Nadeau, *Les radicaux libres*
Jean-François Nadeau, *Un peu de sang avant la guerre*
Dominique Payette, *Les brutes et la punaise*
Lise Payette, *Le mal du pays*
Jean-Marc Piotte et Pierre Vadeboncoeur, *Une amitié improbable*
Julia Posca, *Le manifeste des parvenus*
Jacques Rancière, *Moments politiques*

Gwenola Ricordeau, *Pour elles toutes*
Anne-Cécile Robert, *La stratégie de l'émotion*
Simon Tremblay-Pepin, *Illusions*
Alain Vadeboncoeur, *Privé de soins*
Pierre Vadeboncoeur, *La dictature internationale*
Pierre Vadeboncoeur, *Les grands imbéciles*
Pierre Vadeboncoeur, *L'injustice en armes*
Pierre Vadeboncoeur, *La justice en tant que projectile*

CET OUVRAGE A ÉTÉ IMPRIMÉ EN SEPTEMBRE 2019 SUR LES PRESSES DES ATELIERS DE L'IMPRIMERIE GAUVIN POUR LE COMPTE DE LUX, ÉDITEUR À L'ENSEIGNE D'UN CHIEN D'OR DE LÉGENDE DESSINÉ PAR ROBERT LAPALME

La mise en page
est de Claude BERGERON

La révision du texte
est de Laurence JOURDE

La correction des épreuves
est de Paulin DARDEL

Lux Éditeur
C.P. 60191
Montréal, Qc H2J 4E1

Diffusion et distribution
Au Canada : Flammarion
En Europe : Harmonia Mundi

Imprimé au Québec
sur papier recyclé 100 % postconsommation

BIBLIO RPL Ltée

DEC. 2019